Eßkultur im Heim

Alfred Hoffmann
Markus Biedermann

Eßkultur im Heim

Alfred Hoffmann
Markus Biedermann

Vincentz Verlag

Ein Hinweis in Sachen Gleichberechtigung:
Männer und Frauen lesen Bücher, interessieren sich für Eßkultur, werden alt oder leben in Heimen. Dieses Buch ist – aus stilistischen Gründen oder vielleicht doch aus männlicher Nachlässigkeit – in männlicher Er-Form geschrieben. Wir sprechen z. B. von Bewohnern, obwohl wir doch sehr genau wissen, daß sehr viel mehr Bewohnerinnen als Bewohner in einem Heim leben. Fühlen Sie sich aufgefordert, das vorliegende Buch zumindest gedanklich in weiblicher Sie-Form umzuschreiben.

Die Deutsche Bibliothek – CIP-Einheitsaufnahme

Hoffmann; Alfred:
Ess-Kultur im Heim / Alfred Hoffmann ; Markus Biedermann.
– 1. Aufl. – Hannover : Vincentz, 1995
ISBN 3-87870-017-2

NE: Biedermann, Markus:

Fotos: Andreas Platz, Herzogenbuchsee (Schweiz)
Druck: Popp-Druck, Langenhagen
ISBN 3-87870-017-2

Inhaltsverzeichnis

Zur Einstimmung

„War es recht so?", fragt die Kellnerin in einem Restaurant, wenn sie nicht sicher sein kann, ob die Küche gute Arbeit geleistet hat. Doch keine Angst: Alte Menschen in einem Heim sind in der Regel rasch zufrieden zu stellen, wenn man ihnen Dinge auf den Tisch stellt, die sie kennen.

Die Einstellung, „den anderen rasch zufrieden zu stellen", hat in vielen Alten- und Pflegeheimen zu einer Unkultur des Essens geführt: rasche Zubereitung, lange Warmhaltung, vorschnelles Pürieren, wenig Abwechslung, kurze Essenszeit, Kantinenatmosphäre. Nur einige Stichworte, die nachvollziehbar werden lassen, warum nur wenige der angestellten Mitarbeiter an der Heimverpflegung teilnehmen wollen – sie haben es zu Hause besser.

Aber für die Bewohner ist das Heim das Zuhause, sie haben die Perspektive eines besseren Zuhauses, einer besseren Alternative nicht mehr: Das Alten- und Pflegeheim ist ihre letzte Wohnung, ihre letzte Alternative – am Ende einer langen Versorgungskarriere.

„Eßkultur im Heim" versteht sich demgegenüber als bewohnerorientierte Antwort auf die vielerorts anzutreffende, betriebsorientierte Unkultur des Essens in Alten- und Pflegeheimen. In den letzten Jahren begann man in der Wirtschaft, über Unternehmens- und Organisationskulturen nachzudenken und diese in der Folge gezielt umzugestalten. Dieses Buch will nunmehr die Küche im Heim ermuntern, über sich, ihr Aufgabenverständnis und ihre Bedeutung im Leben alter Menschen nachzudenken und Ideen, Wege und Möglichkeiten aufzeigen, wie die Eßkultur einen Beitrag zur Verbesserung der Lebens- und Erlebnisqualität von Heimbewohnern leisten kann.

Im ersten Teil dieses Buches werden die eher theoretischen Grundlagen einer Eßkultur im Sinne einer Begegnungskultur dargestellt. Hier steht der alte Mensch – und insbesondere der alte Mensch im Heim – im Mittelpunkt. Die Leitfragen sind: Was ist Altern? Wer lebt im Heim? Warum leben alte Menschen im Heim? Des weiteren wird über die allgemeine Bedeutung der Ernährung und Verpflegung, ihre physiologischen, sozialen und psychischen Aspekte nachgedacht.

Leitfragen sind hier: Warum ernähren sich Menschen überhaupt? Was heißt gesunde Ernährung? Was ist unter vollwertiger Ernährung – gerade auch im Alter – zu verstehen? Den dritten Schwerpunkt bildet die Institution „Alten- und Pflegeheim“: Was sind Alten- und Pflegeheime? Wer lebt in diesen Heimen? Was bedeutet es, in einer solchen Einrichtung zu wohnen? Was sind die besonderen Merkmale und Aufgaben einer Heimküche?

Im zweiten Teil dieses Buches geht es dann um Möglichkeiten der praktischen Umsetzung der zuvor eher theoretisch entwickelten Grundlagen. Leitfragen sind hier: Wie sieht eine Eßkultur im Tagesablauf aus? Wie lassen sich die ernährungsphysiologischen, psychischen und sozialen Aspekte der Ernährung praktisch miteinander verbinden? Welche kulinarischen Höhepunkte, welche gezielten Projekte sind in Heimen von der Küche aus realisierbar? Wie können solche Projekte entwickelt werden? Was ist bei ihrer Planung zu bedenken? Was können sie für Bewohner und Außenstehende bewirken?

Zum Schluß werden Überlegungen, Anforderungen und Perspektiven einer zukünftigen Heimküche entfaltet. Hier soll sich der Leser aufgefordert fühlen, sich mit den in diesem Buch angesprochenen Themen weiter selbst auseinanderzusetzen, denn dieses Buch zur „Eßkultur im Heim“ versteht sich nicht als Rezeptbuch, als Anleitung oder gar als Anweisung, sondern als Anstoß, die eigene Kreativität wiederzuerkennen und jeweils spezifische Lösungen für die jeweils eigene Situation in der Küche, im Heim, in der Arbeit mit alten Menschen zu entwickeln.

Dieses Buch ist weder ein Lehrbuch „Ernährungslehre im Alter“ noch ein „Handbuch für die Gemeinschaftsverpflegung“. Der Leser, der sich mit solchen Erwartungen den nachfolgenden Seiten widmen will, wird enttäuscht werden. Derjenige, der aber auf der Suche ist, seine bisherigen Vorstellungen über Ernährung kreativ um gerontologische, soziale und psychologische Aspekte zu erweitern, wird sich durch die Lektüre dieses Buches bestärkt fühlen, seinen bisherigen Weg phantasievoll weiterzuentwickeln, zu bereichern oder umzugestalten.

Eßkultur im Heim

Theoretische Grundlagen

Essen ist mehr als Nahrungsaufnahme

Ob jung oder alt, jeder Mensch sollte essen und trinken. Essen und Trinken gehören zu den Selbstverständlichkeiten des Lebens. Der Mensch muß essen und trinken, um am Leben zu bleiben. Diese physiologische Notwendigkeit erklärt aber noch nicht wie, wann und warum gegessen und getrunken wird.

Im Verlaufe des Lebens hat die Ernährung höchst unterschiedliche Bedeutung. Die folgenden Eindrücke aus den verschiedenen Lebensaltern beschreiben diese Bedeutung sehr verallgemeinernd.

Für das Neugeborene ist das Trinken erstmal nichts anderes als die Stillung eines physiologischen Grundbedürfnisses. Aber sehr bald erfährt der Säugling den engen Zusammenhang von Ernährung, Wärme, Geborgenheit und Zuwendung.

Für das Kind ist das Essen eher etwas, das immer wiederkehrt und während dessen man sich „benehmen" muß.

Für Jugendliche ist das Essen eine lästige Notwendigkeit, aber auch eine Gelegenheit, sich zu treffen, zu feiern, einzuladen oder eingeladen zu werden.

Einmal erwachsen, unterscheiden sich die weiteren Erfahrungen von Männern und Frauen. Auch wenn immer mehr Männer sich für die Zubereitung von Mahlzeiten interessieren, so ist die Verpflegung doch noch überwiegend eine Hauptaufgabe der Frauen. Die junge Frau orientiert sich vorrangig an den Rezepten und Erfahrungen des eigenen Elternhauses. Sie entwickelt dann aber im Laufe der Zeit immer mehr ihren eigenen Koch- und Verpflegungsstil. Dieser hängt unter anderem von ihren finanziellen und beruflichen Möglichkeiten, den sozialen und kulturellen Einflüssen, ihrem Familienstand, der Region und ihren sonstigen Interessen ab. Der Mann findet sich dagegen häufiger in der Rolle des Konsumenten. Zwar versucht er, Einfluß zu nehmen, daß auch seinen Eßgewohnheiten entsprochen wird, aber er übernimmt in der Regel dafür nicht die Verantwortung.

Im Alter und besonders im hohen Alter kann das Essen und insbesondere seine Zubereitung zu einer Last werden. Wenn die Kinder aus dem Haus sind, der Ehepartner verstorben ist und man sich zurückgelassen fühlt, kann auch die Lust auf ein gutes Essen und dessen Zubereitung nachlassen.

Diese allgemeine Skizzierung darf aber nicht darüber hinwegtäuschen, daß jeder Mensch im Verlaufe seines Lebens seine höchst individuellen Eßerfahrungen sammelt – Tag für Tag, Woche für Woche, Jahr für Jahr.

Essen und Trinken dienen aber nicht nur der Ernährung, sie erfüllen auch wichtige soziale und psychische Funktionen.

So tragen Mahlzeiten wesentlich zum Zusammengehörigkeitsgefühl bei. In vielen Familien ist das Essen nicht nur ein Anlaß zusammenzukommen, sondern gleichzeitig auch eine Gelegenheit, sich auszutauschen und das Wichtigste vom Tage zu besprechen.

Des weiteren strukturieren Mahlzeiten die Zeit. Menschen entwickeln – sicherlich auch bedingt durch die beruflichen Vorgaben – einen bestimmten Rhythmus für ihre Ernährung. In diesem Sinne haben Mahlzeiten „Uhr-Funktionen". Der Wochenrhythmus wurde beispielsweise früher durch die jeweiligen Haushaltsaufgaben beeinflußt. Nicht alle Haushaltsarbeiten passierten an einem Tage, und nicht jeder Tag war gleichmäßig ausgelastet. Hierdurch entstanden Verbindungen von „einfacheren Mahlzeiten" und haushaltsintensiveren Tagen. So war früher meist der Montag der Waschtag. Bis zur Einführung der Waschmaschine bedeutete dies, daß dieser Tag von der Wäsche geprägt war. Man hatte kaum noch Zeit für das Kochen. Daher gab es am Montag häufig aufgewärmte „Reste" vom Sonntag. Obwohl der Anlaß verloren gegangen ist, gibt es in vielen Familien noch immer diese Gewohnheit.

Mit Essen verbinden sich auch Traditionen und religiös geprägte Regeln. Besonders in katholisch geprägten Gegenden ist es üblich, freitags fleischfrei zu essen.

Dann sind noch die unterschiedlichen Mahlzeiten an Werk- und Sonntagen zu erwähnen. Sonntags sind die Mahlzeiten reicher und festlicher („Sonntagsbraten"). In den Wochenendmahlzeiten spiegeln sich auch die saisonalen Zeiten deutlicher wider. Hierbei werden die Zusammenhänge von Jahreszeiten mit bestimmten Lieblingsgerichten wie Spargel mit Schinken oder Grünkohl mit Wurst geprägt.

Fast überall auf der Erde gilt das Anbieten von Essen und Trinken als Zeichen der Gastfreundschaft. Essen und Trinken gibt einem die Möglichkeit, Gastgeber zu sein und Gäste einzuladen. Etwas anzubieten, gehört zu unserer Kultur. Ja, es ist fast schon eine gesellschaftliche Erwartung geworden, daß man zu bestimmten Anlässen wie Taufe, Konfirmation, Hochzeit oder Beerdigung andere zum Essen einlädt. Auch hat sich der Gegenbesuch zu einer gesellschaftlichen Verpflichtung entwickelt.

Des weiteren ist die Symbolfunktion des Essens zu erwähnen: Eine Dame nach dem Theater zu einem Glas Rotwein einzuladen, kann eine bestimmte symbolische Bedeutung haben. Auch die Quantität und Qualität eines Buffets ist weniger Ausdruck des vermuteten Hungers der Gäste, sie zeigen vielmehr symbolisch die Bedeutung des Anlasses, der Veranstaltung oder des Gastgebers.

Zusammenfassend bleibt festzustellen, daß sich in unserem Kulturkreis das Essen und Trinken über seinen Ernährungswert hinaus zu einem vielseitigen Kulturgut entwickelt hat. Das Essen erfüllt vielfältige soziale und psychische Funktionen. Die Themen, die sich um das Essen herum gesellen, wie die Atmosphäre, das Ambiente oder der Service, gewinnen immer mehr an Bedeutung. Essen und Trinken dienen nicht mehr vorrangig der Ernährung, sondern sind mehr und mehr Ausdruck von Erlebnis- und Lebensqualität.

Die Vielschichtigkeit des Alterns

Das Thema Lebensqualität im Alter hat in den letzten Jahren zunehmend Eingang in die gerontologische Fachdiskussion gefunden. Dies nicht zuletzt auch aus der Erkenntnis, daß Lebensqualität nicht weiterhin nur ein Privileg der Jüngeren sein darf. Aber was ist „Altern“, und was heißt „Lebensqualität im Alter“?

„Alte Menschen sind junge Menschen, die alt geworden sind“, so steht es im Leitbild der Hamburger Arbeitsgemeinschaft für Fortbildung in der Altenhilfe e. V. (1). Was sagt dieser Satz über „Altern“ und „Altsein“ aus?

Alte Menschen sind „Gewordene“, alte Menschen haben eine weite Strecke auf dem Weg des Lebens zurückgelegt, alte Menschen haben eine Lebensgeschichte. Im Verlaufe des Lebens haben sie viele Erfahrungen und Erlebnisse gehabt: gute und schlechte, erhoffte und unerwünschte. Sie haben Wege und Mittel gefunden, mit den verschiedensten Lebensumständen auf ihre eigene Art umzugehen. Manche Träume und Illusionen haben sich im Verlauf des Lebens zerschlagen, andere Wünsche und Perspektiven sind Wirklichkeit geworden. Wiederum hat sich einiges anders entwikkelt, als man wollte. Jeder Lebensweg ist individuell und einzigartig. Alte Menschen unterscheiden sich von jüngeren dadurch, daß sie auf einen jahrzehntelangen Weg zurückblicken können und eine zeitlich begrenztere Zukunft vor sich haben.

Und trotzdem gilt: „Alte Menschen sind auch junge Menschen"! Alte Menschen tragen ihre Jugendlichkeit in sich – als Erinnerung, als Erfahrung, als immer noch aktive Energiequelle. Zeichen der Jugend sind u. a.:

- Perspektive,
- Hoffnung,
- Kraft,
- Mut,
- Zuversicht,
- Eigensinn und Eigenwilligkeit.

Und diese Eigenschaften entschwinden nicht mit dem Alter.
Alte Menschen haben prinzipiell die gleichen Grundbedürfnisse wie junge Menschen. Zu diesen Grundbedürfnissen zählen u. a.:

- das Bedürfnis nach Privatheit,
- das Bedürfnis nach Achtung und Anerkennung,
- das Bedürfnis nach Geborgenheit,
- das Bedürfnis nach Sicherheit,
- das Bedürfnis, sein Leben selbst zu bestimmen.

Alte Menschen unterscheiden sich von jüngeren Menschen durch ihre längere Lebenszeit und durch die Erfahrung und Bewältigung unterschiedlichster Lebensumstände. Dies hat ihre Grundbedürfnisse und ihre Jugendlichkeit letztendlich nicht zerstört, wohl aber werden die Bedürfnisse und Eigenschaften anders gewichtet.

Dieses Verständnis vom Alter steht im Gegensatz zu den gesellschaftlich weit verbreiteten Vorstellungen vom „Altern" und vom „Alter". Hier wird Alter häufig gleichgesetzt mit Verlust, Einschränkung, Krankheit, Behinderung und Abhängigkeit. Alter erscheint so als etwas Bedrohliches, Angstmachendes und Erschreckendes. Entsprechend haben viele Menschen Angst davor, zu „Altern" und zu den „Alten" zu gehören. Man versucht, sein Alter so lange wie irgend möglich zu verbergen, zu verleugnen und zu verdrängen. Man möchte als vollwertiger, erwachsener Mensch gelten und nicht als „alt".

Was ist „Alter" und „Altern"? Bisher gibt es keine allgemein anerkannte Theorie, die den Alterungsprozeß in seiner Vielfältigkeit und Vielschichtigkeit zu erklären vermag. Man weiß bisher auch nicht genau, was letztendlich zu den Prozessen führt, die wir mit „Altern" bezeichnen.

Entgegen früherer Ansicht ist „Altern" weder als vorrangig biologischer Prozeß zu verstehen noch einer Krankheit gleichzusetzen. Altern ist kein eindimensionaler ausschließlich biologischer Prozeß, sondern verläuft vielschichtig, in einer Mehrzahl von Prozessen. Diese unterschiedlichen Alterungsprozesse (biologisch, psychisch, sozial usw.) laufen nebeneinander her oder greifen in verschiedenen Formen ineinander ein (2). Der Begründer der Gerontologie in Deutschland, *Max Bürger*, versteht unter Altern sehr umfassend „jede irreversible Veränderung der lebenden Substanz als Funktion der Zeit" (3). Was ist damit gemeint? Um diese Frage sinnvoll zu beantworten, sollen im folgenden die Alterungsprozesse nach zeitlichen, sozial-gerontologischen und biologischen Prozessen unterschieden werden.

Im Alter verändert sich das Verhältnis zur Zeit: Mit jedem Tag verkürzt sich die verbleibende und verlängert sich die vergangene Zeit. Alte Menschen erleben die Zeit anders als Kinder, Jugendliche oder Erwachsene. Psychologisch gesehen, hat das veränderte Zeiterleben weniger mit dem kalendarischen Lebensalter als mit den gelebten und erfahrenen Lebensinhalten und -perspektiven zu tun. Wenn das Leben und der Alltag wenig Neues, Interessantes und Anregendes bieten, dann erlebt jeder – unabhängig vom Alter – die Zeit langsamer. Wenn das Leben und der Alltag demgegenüber anregend, lebendig und ereignisreich erlebt werden, dann vergeht die Zeit schneller. Aus physikalischer Sicht ist dennoch nicht zu bestreiten, daß im Alter die noch verbleibende Zeit deutlich kürzer ist als die vergangene Zeit. Psychologisch hängt die Bewertung der Lebenszeit aber nicht vorrangig von der physikalisch meßbaren Zeit, sondern vielmehr von dem Selbsterleben und der damit verbundenen Lebensperspektive des jeweiligen Menschen ab. Das Selbsterleben ist aber wiederum ein Ergebnis der Lebenslage (Wohnsituation, Einkommenssituation, soziale Einbindung), der aktuellen Lebenssituation (Gesundheit/Krankheit, Zukunftspläne, Verluste) und vor allem der individuellen Deutung der Vergangenheit und der Zukunft.

Sozial-gerontologisch gesehen, entwickeln Menschen im Verlauf ihres Lebens ihre einzigartige und unverwechselbare Persönlichkeit. Aufgrund von Erfahrungen und Erlebnissen erwirbt der Mensch Werthaltungen, Handlungsstile und Verhaltensweisen, die seine Lebensperspektiven mit zunehmender Lebensdauer prägen. „Jede Handlung, jede Nicht-Handlung, jeder Gedanke, jeder Nicht-Gedanke bedingt die nächste Handlung, die nächste Nicht-Handlung" (4). Die Entwicklung der individuellen Persönlichkeit – die Veränderung der lebenden Substanz – stellt sich somit als ein lebenslanger Prozeß in dem Bedingungsgefüge biographischer Erfahrungen, situativer Anforderungen und sich selbst zugestandener Lebensperspektiven dar. Dieser Prozeß weist einerseits hohe Anteile an Konstanz und Kontinuität und andererseits hohe Anteile an Dynamik und Veränderbarkeit auf. In Längsschnittstudien konnte nachgewiesen werden, daß sich die Flexibilität der Persönlichkeit in der Regel im Alter nur geringfügig ändert, oder anders ausgedrückt: Die häufig dem Alter zugeschriebene wachsende Starrheit und Rigidität ist wissenschaftlich nicht nachzuweisen (5). Andererseits ist aber auch nicht zu erwarten, daß ein Mensch, der im Verlauf seines Lebens sehr viel Wert auf Sparsamkeit gelegt hat, im Alter nun einen besonders großzügigen und aufwendigen Lebensstil entfalten wird. Oder jemand, der in seinem Leben sehr viel Wert auf Unabhängigkeit und Individualität gelegt hat, wird sich im Alter eher schwer mit einer eventuellen Pflege- oder Versorgungsabhängigkeit abfinden können. Die Vergangenheit hat irreversible (unumkehrbare) Spuren hinterlassen, die die Zukunft prägen.

Aus biologischer Sicht, stellt sich Altern – insbesondere in der zweiten Lebenshälfte – als irreversible Veränderung (Rückbildung und Atrophie) einer Vielzahl von Organen und Geweben dar. Diese führen zu einer sich fortschreitend verringernden Anpassungsfähigkeit des Körpers an sich verändernde Umweltbedingungen (6). Nach dem heutigen Wissensstand sind die nachfolgend aufgeführten Veränderungen Ausdruck ganz „normaler", biologischer Alterungsprozesse:

- Substanz- und Funktionsverluste von Organen,
- Rückbildungsvorgänge des Herz-Kreislauf-Systems,

- Änderungen der Blutdruckregulation,
- Änderungen der Lunge, wie die Verminderung der Lungenelastizität, zunehmende Thoraxstarre und verminderte Atemmuskulatur,
- Abnahme des Gesamtnierengewichtes,
- Reduktion der Nierendurchblutung,
- Abnahme der Muskelmasse,
- Verlangsamung der Bewegungsabläufe,
- Abnahme des Lebergewichtes,
- Aktivitätseinbußen der Immunabwehr,
- Hörbeeinträchtigungen,
- Alterssichtigkeit,
- Hautveränderungen. (7)

Der Verlauf dieser biologischen Veränderungen weist eine hohe Unterschiedlichkeit auf, d. h. mit zunehmendem Alter nimmt die Homogenität in bezug auf die vorgenannten biologischen und physiologischen Funktionen sowohl beim einzelnen Individuum als auch innerhalb der Gruppe der gleichaltrigen Menschen ab. Einfacher ausgedrückt: Alte Menschen sind sehr unterschiedlich „alt". Biologisch gesehen kann man kein bezifferbares Alter angeben, ab dem Menschen „alt" sind. In diesem Zusammenhang darf nicht unerwähnt bleiben, daß die normalen Veränderungen die Menschen im fortgeschrittenen Alter (irreversible Veränderungen der lebenden Substanz als Funktion der Zeit) für Funktionsstörungen und Krankheiten anfälliger werden lassen.

Was heißt vor diesem Hintergrund „Lebensqualität im Alter"?

Zu allererst bedeutet Lebensqualität im Alter, das Altern als das anzuerkennen, was es ist: Ein lebenslanger Veränderungs- und Entwicklungsprozeß mit zum Teil irreversiblen Veränderungen. Solange der Mensch lebt, altert er, d. h. auch das Altern in der zweiten Lebenshälfte oder im letzten Lebensdrittel ist ein ganz normaler zum Leben gehöriger Prozeß.

Zum zweiten bedeutet „Lebensqualität im Alter", dem Alter keine Eigenschaften und Merkmale zuzuschreiben, die grundsätzlich nicht vom Lebensalter abhängig sind, wie z. B. Starrsinn, Konservatismus, Rigidität, Vergeßlichkeit, Asexualität, Armut, Intelligenzminderung oder die Unfähigkeit, sich im Alter zu bilden.

Zum dritten bedeutet „Lebensqualität im Alter", die Änderungen, die Verluste, die neuen Lebensanforderungen, die näher rückende Endlichkeit des irdischen Daseins, die größeren Erkrankungsrisiken usw. wahrzunehmen, sich damit auseinanderzusetzen und sich darauf einzustellen, d. h. sie nicht zu negieren, zu leugnen oder zu verdrängen.

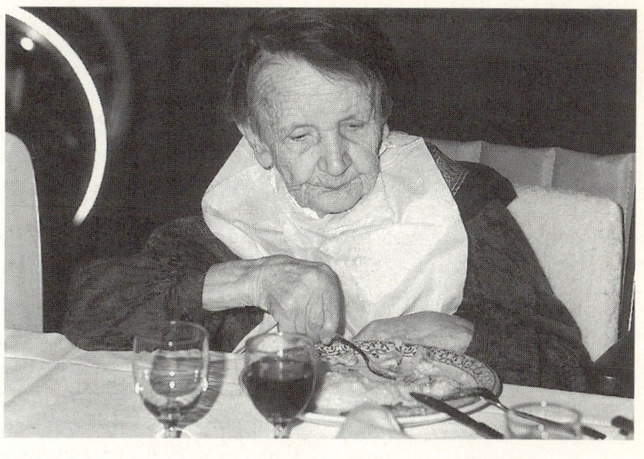

Festliches Nachtmahl; behindert und selbständig

Zum vierten heißt „Lebensqualität im Alter", sich verantwortlich zu fühlen bzw. alte Menschen darin zu unterstützen, daß sie

- ihre Grundbedürfnisse,
- ihre Individualität und Persönlichkeit,
- ihre Selbstachtung,
- ihre Privatheit,
- ihre Interessen,
- ihre Fähigkeiten,
- ihre Alltagskompetenzen,
- ihre Selbstversorgungsfähigkeit,
- ihre Selbständigkeit,
- ihre Kreativität,
- ihre lebenslang erworbenen Ressourcen,
- ihre Gesundheit,
- ihre Suche nach Sinn,
- ihre soziale Integration,
- ihre Zukunftsperspektiven

im Rahmen ihrer Möglichkeiten erhalten bzw. weiterentwickeln.

Zusammenfassend läßt sich Altern als ein individueller, vielschichtiger und lebenslanger Entwicklungs- und Veränderungsprozeß beschreiben. Früher noch gültige Altersvorstellungen sind der Annahme von höchst individuellen Entwicklungsverläufen im Alter gewichen. Den alten Menschen gibt es ebensowenig, wie es den

Jugendlichen, den Erwachsenen oder den Kranken gibt. Alte Menschen zu begreifen, bedeutet, sich sehr individuell mit jedem alten Menschen zu beschäftigen. Vor diesem Hintergrund bedeutet dann „Lebensqualität im Alter", das Alter in seinen Möglichkeiten und seinen Herausforderungen anzunehmen und diese Lebensphase in Kontinuität des bisherigen Lebens eigenverantwortlich bzw. unterstützend zu gestalten.

Ernährung und Gesundheit

Für alle Lebensvorgänge wird Energie benötigt. Pflanzen wachsen, blühen, bilden Früchte aus, bewegen sich zum Licht. Für alle diese Vorgänge wird Energie verbraucht, die die Pflanze direkt aus dem Sonnenlicht bezieht.

Menschen und Tiere können die benötigte Energie, um Lebensvorgänge wie Atmung, Bewegung, Verdauung, Wachstum usw. aufrechtzuerhalten, nicht direkt dem Sonnenlicht entnehmen. Das geschieht auf dem Umweg über die Nahrungsaufnahme.

Die Nahrung enthält Nährstoffe, die zum Aufbau oder zum Ersatz von körpereigenen Stoffen notwendig sind. Ein Großteil dieser Nährstoffe wird im Körper „verbrannt" und liefert damit Energie, um die komplizierten Umwandlungsprozesse von Nährstoffen in körpereigene Stoffe zu ermöglichen.
Wir Menschen essen verschiedenste Lebensmittel und verwerten die in ihnen enthaltenen Nährstoffe.

Die energieliefernden Nährstoffe Eiweiß, Fett und Kohlenhydrate sind die Hauptnährstoffe. Sie stellen die wichtigsten Bausteine zum Aufbau des Körpers dar. Aber auch die nicht-energieliefernden Nährstoffe wie z. B. Wasser, Mineralstoffe und Vitamine sind von großer Wichtigkeit, denn ohne sie könnte der Körper die Hauptnährstoffe nicht zum Aufbau und zur Energiegewinnung nutzen. (Siehe Anlage 2 „Überblick über die wichtigsten Nährstoffe", Seite 113)

Eine gesunde Ernährung ist eine bedarfsdeckende Ernährung, die dem jeweiligen Energieverbrauch eines Menschen angepaßt ist. Entsprechend muß die Ernährung auf die Aspekte wie Alter, Geschlecht und/oder derzeitige Lebenssituation abgestimmt werden.

Fehlen in der Nahrung über einen längeren Zeitraum bestimmte Nährstoffe, wie z. B. Vitamine oder Ballaststoffe, kommt es zu Mangelerkrankungen. Werden bestimmte Nährstoffe wie z. B. Fette oder Cholesterin dem Körper zu reichlich, das heißt im Übermaß angeboten, kommt es zu sogenannten Wohlstands- oder Zivilisationskrankheiten, die in unserem Lebensraum weitaus häufiger vorkommen als Mangelerkrankungen. Jede Art einer extrem einseitigen Ernährung birgt die Gefahr der Unterversorgung mit wichtigen essentiellen Nährstoffen in sich.

Ernährungsfehler entstehen meist schon in der Kindheit, da hier die Grundlagen der Ernährung gelegt werden. Hier bilden sich die ersten Vorlieben heraus, die später zu Gewohnheiten werden können. Die Folgen solch früh entstandener Fehlernährung zeigen sich oft aber erst im Alter. Häufige Folgen von Fehlernährung, die im Alter akut werden, sind:

- Übergewicht (z. T. auch bedingt durch Bewegungsmangel),
- Darmerkrankungen durch Verstopfungen,
- Diabetes Typ 2 (Altersdiabetes),
- Herzinfarkt,
- Bluthochdruck und
- Gicht

u. a. m.

Untersuchungen haben darüber hinaus gezeigt, daß alte Menschen durch eine einseitige bzw. falsche Ernährung häufig Anzeichen von Eiweiß-, Eisen- und Vitamin B12 Mangel aufweisen.

Howell und *Loeb* haben darauf hingewiesen, daß bestimmte Verhaltensweisen alter Menschen, die häufig als „normaler psychischer Altersabbau" und „emotionale Labilität" gedeutet werden und sich in gewisser Müdigkeit, Gleichgültigkeit, Gedächtnisschwäche, leichten Verwirrtheitszuständen und erhöhter Ängstlichkeit äußern, auf falsche Ernährung – sei es auf ein Nicht-Einhalten von Diätvorschriften oder auf Mangelernährung – zurückzuführen sind.

„Experimentelle Untersuchungen an den Universitäten von Minnesota und Pennsylvania haben nachgewiesen, daß ein sich über 50 – 90 Tage erstreckender Mangel an Vitaminen des Vitamin-B-Komplexes bei gesunden Erwachsenen zu Erscheinungen der Konfusität und der herabgesetzten Urteilsfähigkeit in psychologischen

Testsituationen und sogar in intellektuellen Fähigkeiten (bei Gedächtnis- und Problemlösungsaufgaben) hervorruft. Dabei reagierten ältere Personen auf derartige Mangelerscheinungen stärker als jüngere“ (8).

Auch *Glatzel* (1971) erwähnt einen Zusammenhang zwischen zweckmäßiger ausreichender Ernährung und der Fähigkeit zum logischen Denken und zur konzentrierten Beobachtung und geistiger Leistungsfähigkeit (9).

Nicht zuletzt machen diese Untersuchungen deutlich, wie wichtig eine richtige Ernährung auch im Alter und bei Pflegebedürftigkeit für die Erhaltung der geistigen Leistungsfähigkeit, der Gesundheit und die sich damit öffnenden Lebensperspektiven bleibt. Vor diesem Hintergrund ist die vollwertige Ernährung nicht eine postmoderne Modeerscheinung. Die vollwertige Ernährung gewinnt nicht nur für den bereits kranken alten Menschen, sondern auch für die noch nicht-alten Menschen im Sinne einer Prävention (Vorbeugung vor den schädigenden Einflüssen falscher oder übermäßiger bzw. zu geringer Nahrungszufuhr) mehr und mehr an Bedeutung.

Eine vollwertige Ernährung ist eine Ernährung, die

1. *alle Bedürfnisse des alternden Körpers befriedigt und eine möglichst vollkommene Funktion der Organe gewährleistet, soweit diese von der Ernährung abhängig ist,*
2. *dem Körper soviel Energie zuführt, daß sein Normalgewicht nicht nennenswert verändert wird und*
3. *die Ernährung in einen Gesamtzusammenhang von Körper, Geist und Seele stellt.*

Innerhalb dieses Rahmens ist ein großer Spielraum für individuelle Geschmäcker und Neigungen, vor allem durch die Auswahl der Lebensmittel, gegeben.

Die Küche in Alten- und Pflegeheimen sollte hinsichtlich ihrer Ernährungsaufgabe diese Gesichtspunkte in besonderer Weise berücksichtigen und zusätzlich folgende Aspekte in der praktischen Umsetzung beachten:

1. Da der Kalorienbedarf aufgrund geringerer körperlicher Aktivität und entsprechend geringeren Energiebedarfs mit zunehmen-

dem Alter sinken kann, müssen in weniger Nahrung doch genügend Nährstoffe, Vitamine und Mineralien vorhanden sein.

2. Zur Erhaltung der Zellsubstanz und der Leistungsfähigkeit ist ein relativ hoher Eiweißbedarf erforderlich. Um alten Menschen genügend Eiweiß in einer hohen biologischen Wertigkeit zukommen zu lassen, bieten sich folgende Eiweißkombinationen an:
   - Eier und Kartoffel,
   - Eier und Reis,
   - Eier und Bohnen,
   - Sojaprodukte,
   - Milch und Weizen.

3. Eine gezielte Auswahl und eine hochwertige Zubereitung ist von besonderer Wichtigkeit. Das heißt, z. B.
   - die Zufuhr von Fett und Kohlehydrate zu mindern,
   - für eine genügende Ballaststoffzufuhr zu sorgen,
   - regelmäßig kalziumhaltige Speisen wie Milch, Käse oder Quark anzubieten,
   - die Speisen nicht zu scharf oder zu salzhaltig zuzubereiten,
   - möglichst frisches Gemüse und so wenig Konserven wie möglich zu verarbeiten.,
   - lange Warmhaltephasen zu vermeiden, zum Service hin zu kochen,
   - Gemüse nicht übermäßig lange im Wasser liegen zu lassen, sondern zügig zu verarbeiten,
   - Gemüse eher zu dünsten bzw. zu schmoren als beim Sieden im Wasser auszulaugen,
   - jeden Tag eine Auswahl an Rohkost anzubieten,
   - eine leicht verdauliche Kost in mehreren kleinen Mahlzeiten anzubieten,
   - Möglichkeiten zu schaffen, daß die Heimbewohner mit entscheiden können, was und wieviel sie essen möchten,
   - individuelle Ernährungsgewohnheiten zu berücksichtgen.

Zusammenfassend bleibt festzustellen, daß der Ernährung in allen Lebensphasen eine wichtige Aufgabe in der Erhaltung der Gesundheit und der körperlichen und geistigen Leistungsfähigkeit zufällt. Im Alter verstärkt sich ihre Bedeutung noch, da der alternde Mensch eine Reihe physiologischer Veränderungen aufweist. Die Heimküche hat diesen Besonderheiten durch eine wertvolle/vollwertige Ernährung zu begegnen. Im allgemeinen ist zu sagen, daß bei einer gut ausgewogenen Mischkost Mangelerscheinungen vermieden werden können.

Ernährungsrelevante physiologische Veränderungen

Die sechs wichtigsten körperlichen Veränderungen im Alter, die die Ernährung und Verdauung betreffen, sind im folgenden kurz zusammengefaßt dargestellt:

1. Aufgrund der verringerten körperlichen Anpassungsfähigkeit im Alter treten Mangelerscheinungen rascher auf.

Schon eine Durchfallphase über ein oder zwei Tage kann einen alten Menschen sehr stark schwächen. Die nachlassende körperliche Adaptionsfähigkeit hat des weiteren zur Folge, daß sich die Wahrscheinlichkeit für bestimmte Krankheiten, wie z. B Herz-Kreislauferkrankungen, Arterio-Sklerose, Diabetes, Gicht, Arthrose, Osteoporose oder Obstipation erhöht. Ob und in welchem Ausmaß diese Erkrankungen im Alter auftreten ist u. a. abhängig von der Ernährung in früheren Jahren und im Alter. Selbst im Alter und bei eingetretener Erkrankung sind diese Erkrankungen durch eine gezielte Ernährung zum Teil positiv zu beeinflussen.

2. Mit zunehmendem Alter nimmt die Wahrscheinlichkeit zu, an mehreren Krankheiten gleichzeitig (Multimorbidität) zu leiden.

Alte Menschen leiden häufig an mehreren (chronischen) Krankheiten gleichzeitig: Es bestehen mehrere, voneinander unabhängige oder auch voneinander abhängige Erkrankungen, wie z. B. Herzschwäche mit Hochdruck und Schlaganfall, Herzschwäche mit Arteriosklerose, Herzschwäche und Diabetes usw.
„Ursachenverbundene Krankheitshäufungen“ entstehen oft durch

- Eiweißmangel,
  die Folgen sind : Infektanfälligkeit, Appetitlosigkeit, nächtliche Beinkrämpfe, Blutarmut, Depressionen;
- lange Bettruhe,
  die Folgen sind: Liege-Lungenentzündung, Thrombose mit Embolien, Harnwegsinfekt und bestimmte Inkontinenz-

formen, Dekubitus, Appetitlosigkeit mit Gewichtsverlust und Entkräftung, Muskelschwäche, Gelenkversteifung, Verstopfung, Gichtanfälle, gesteigerter Eiweiß- und Kalziumverlust mit Knochenbrüchigkeit, Depressionen und Verwirrung" (10).

3. Der Energiebedarf (Kalorienbedarf) nimmt in der Regel mit zunehmenden Alter ab.

Nach *Holtmeier* nimmt der Energiebedarf um 5 % pro Jahrzehnt zwischen dem 30. und 55. Lebensjahr, um 8 % zwischen dem 55. und 75. Lebensjahr und um 10 % ab dem 76. Lebensjahr ab. Dieser Minderbedarf ist vor allem eine Folge der Abnahme körperlicher Aktivität und/oder der Verlangsamung. Männer haben gegenüber Frauen auch im Alter einen höheren Energiebedarf (11). Wenn der Kalorienbedarf sinkt, so müssen in weniger Nahrung doch noch genügend Nährstoffe, Vitamine und Mineralien enthalten sein. Am ehesten treten Mangelerscheinungen bei Eiweiß, Eisen, Kalzium, Vitamin B1 und Vitamin E auf. Dem Eiweiß kommt eine besondere Bedeutung zu, weil es für die Erhaltung der Zellsubstanz und die allgemeine Leistungsfähigkeit erforderlich ist.

4. Mit dem Alter einher geht eine zum Teil erhebliche Veränderung der Sinnesorgane im Sinne einer nachlassenden Intensität der Wahrnehmung.

Oft verschlechtern sich bei älteren Menschen die Seh- bzw. die Hörfähigkeit, oft sind sie auch nicht in der Lage, diese Veränderungen an sich wahrzunehmen. Erst im Vergleich mit den Wahrnehmungsfähigkeiten anderer oder durch gezielte Tests wird die Wahrnehmungseinschränkung offensichtlich. Mit dem Geschmackssinn, vermittelt über die Geschmacksknospen, werden einerseits flüssige und feste Stoffe und andererseits die Geschmacksqualitäten süß, sauer, salzig und bitter unterschieden. Die Zahl der Geschmacksknospen nimmt im Verlauf des Lebens von 10.000 bei Geburt auf ca. 2.000 im 70. Lebensjahr ab. Für die Betroffenen können diese Wahrnehmungseinbußen zu einer erheblichen Einschränkung ihrer Lebensqualität führen, insbesondere dann, wenn diese von der Umwelt (Heimküche) nicht berücksichtigt werden.

5. Im Verdauungstrakt treten – entgegen einem allgemeinen Vorurteil – keine alterspezifischen Veränderungen auf.

Die häufig von alten Menschen geäußerten Magen- und Darmbeschwerden spiegeln Grunderkrankungen wie z. B. kardiale Insuffzienz wider. Sie können Folge einer eingeschränkten körperlichen Aktivität, Folge einer voreiligen Einnahme von Abführmitteln (Laxantien), Folge persönlicher Belastungen oder Folge einer Fehlernährung (unzureichende Ballaststoffe) sein. Untersuchungen von älteren Patienten in Krankenhäusern haben ergeben, daß etwa 25 % an Obstipation leiden. Die Gründe dafür sind vielfältig: unzureichende Flüssigkeitszufuhr, Mangel an Ballaststoffen, unzureichende Bewegung, übermäßiger Verbrauch von Abführmitteln (Laxantien) und die Einnahme von obstipierenden Medikamenten wie Tranquilizer, Psychopharmaka o. ä. (12). Welch große Bedeutung Abführmittel erlangt haben, zeigen folgende Angaben: In der Altersgruppe der über 70jährigen nimmt jeder zweite regelmäßig Abführmittel. In der Bundesrepublik wurden bereits 1975/76 von 85 Herstellern Abführmittel in Höhe von 130 Millionen DM verkauft.

6. Aufgrund von Mangel- bzw. Fehlernährung und unzureichen der Zahnpflege haben viele alte Menschen ihre Zähne verloren.

Ein Zahnverlust kann durch entsprechende Prothesen ausgeglichen werden. Da sich die Physiologie des Gaumens stetig verändert, muß eine Zahnprothese regelmäßig überprüft und angepaßt werden. Geschieht dies nicht, lockert sich die Prothese. Dies führt dann häufig dazu, daß man sich beim Essen der Prothese entledigt oder aber nur sehr weiche Kost zu sich nimmt, um Schmerzen zu vermeiden. Dieses „Lösungsverhalten“ bewirkt nunmehr, daß man in seiner Kauaktivität deutlich nachläßt, was wiederum die Kaumuskulatur atrophieren läßt (sichtbar an den eingefallen Wangen bei alten Menschen). Aufgrund der fehlenden bzw. unzureichenden Kauaktivität wird der Nahrung ungenügend Speichel beigefügt. Gleichzeitig erschwert dies eine spätere Wiederaktivierung der Kaumuskulatur. Alte Menschen, die ihre Nahrung gut kauen, sehen im Gesicht jünger aus als Gleichaltrige, die nur pürierte Nahrung zu sich nehmen.

Zusammenfassend bleibt festzuhalten, daß eine Vielzahl körperlicher Veränderungen in einem unmittelbaren Zusammenhang zur Ernährung stehen. Alterungsprozesse und zahlreiche Erkrankungen im Alter lassen sich durch eine bewußte und gesunde Ernährung positiv beeinflussen. Der Zusammenhang von Ernährung und Lebensqualität zeigt sich hier in besonderer Weise.

Ernährung und Medikation

Je älter ein Mensch wird, desto mehr nimmt die Wahrscheinlichkeit zu, an mehreren z. T. chronischen Krankheiten gleichzeitig zu leiden. Untersuchungen haben gezeigt, daß „bei den über 70jährigen bis zu neun Diagnosen gestellt werden" (13). Diese Multimorbidität steht in einem engen Zusammenhang zur medikamentösen Therapie. Es wird geschätzt, daß der gesamte Umsatz an Fertigarzneimitteln in der Gesetzlichen Krankenversicherung (GKV), der Privaten Krankenversicherung (PKV) und in der Selbstmedikation in der Altersgruppe der über 65jährigen nahezu 12 Mrd. DM jährlich (in Deutschland) ausmacht (14).

Leider liegen keine genauen Zahlen darüber vor, wie hoch der durchschnittliche Medikamentenverbrauch eines Heimbewohners ist. Es ist aber zu vermuten, daß dieser eher hoch einzuschätzen ist. Zwischen der Einnahme von Medikamenten und der Ernährung gibt es zahlreiche Wechselwirkungen. So kann die Wirkung der Medikamente durch die Ernährung unterstützt werden. Medikamente und Ernährung können sich neutral zueinander verhalten oder können auch zu unerwünschten Neben- bzw. Wechselwirkungen führen. Durch den Gebrauch von Medikamenten kann beispielweise die Ernährung negativ beeinflußt werden (Appetitlosigkeit, Übelkeit, Brechreiz). Aber auch umgekehrt kann die Ernährung einen negativen Einfluß auf die beabsichtigte Wirkung von Medikamenten haben. So führt die Aufnahme von Alkohol bzw. sehr fettreichen Speisen und die gleichzeitige Einnahme von Medikamenten zu ungewollten Nebenwirkungen wie Schläfrigkeit oder gar zur Unwirksamkeit.

Einen Überblick über die Auswirkungen ausgewählter Arzneimittel auf die Resorption bestimmter Nährstoffe gibt das Schaubild (15) auf der folgenden Seite .

Etliche Arzneimittel wirken nicht nur auf die Resorption der vorgenannten Nährstoffe, sondern haben auch einen direkten Einfluß auf den Appetit. Manche Medikamente beeinflussen bzw. irritieren die Geruchs- und Geschmackswahrnehmung in nicht unerheblichem Maße. Oft führen Medikamente auch zu Unwohlsein und Übelkeit, Erbrechen und Durchfall. Als Folge kann eine Aversion gegen die zeitgleich mit den Medikamenten aufgenommene Nahrung entstehen.

Auswirkungen von Medikamenten auf den Organismus

Arzneimittel	Verringerung der Resorptionsrate von
Cholestyramine	Vitamin K
Aluminiumhydroxide	Phosphate
Tetracycline	Calcium
Mineralöle	Carotin
Bicarbonate	Folsäure
Sulfonamide	Thiamin
Acarbose	Zucker
Colchicine	Cobalamine (B_{12})

Die meisten Medikamente werden über den Urin ausgeschieden. Die Verringerung der Nierenkapazität führt zu einer verlangsamten Ausscheidungsrate im Alter oder, anders ausgedrückt: Die Wirkstoffe von Medikamenten verbleiben im Alter wesentlich länger im Körper.

Die Menge und Verschiedenartigkeit der Medikamente, die alte Menschen einnehmen (müssen), wirkt sich nicht nur auf den Nährstoffbedarf, die Nährstoffaufnahme oder den Appetit aus, sondern kann des weiteren oft zu Vergeßlichkeit, Aggressionen oder geistiger Abwesenheit führen.

Da bei chronischer Appetitlosigkeit der Verdacht naheliegt, daß diese durch Medikamente verursacht worden sein können, sollten die Küchenverantwortlichen über die Medikation der Heimbewohner informiert sein. Des weiteren sollte die Heimküche in Diät- und Sonderkostfragen qualifiziert sein und sich auch in der alternativen Ernährung weiterbilden. In Absprache mit Ärzten und Pflegekräften kann die Heimküche durch ein entsprechendes Angebot eine Ernährungsalternative zu manchen, nicht zwingend notwendigen Medikamenten schaffen.

Zusammenfassend bleibt festzuhalten: Es gibt einen engen Zusammenhang zwischen Medikation und Ernährung. Um unerwünschte Nebenwirkungen und für den Betroffenen belastende Situationen zu meiden, muß die Küche im Alten- und Pflegeheim gut über die Wechselwirkungen zwischen Medikation und Ernährung informiert sein.

Psycho-soziale Aspekte der Ernährung

Die Einstellung zur Ernährung im allgemeinen und zu Ernährungsgewohnheiten im besonderen geht zurück auf Ernährungserfahrungen in der Kindheit, in der Ursprungsfamilie. Darüber hinaus wird das Ernährungsverhalten durch vielfältige kulturelle und regionale Einflüsse mitgeprägt. Allein schon die Tatsache, daß in den letzten Jahrzehnten das gastronomische Angebot durch ausländische Küchen sehr bereichert wurde, kann als Hinweis darauf gewertet werden, daß sich neue Eßgewohnheiten und neue Speisevorlieben herausgebildet haben und weiterhin herausbilden werden. Auch hat das Wissen um Gesundheits- und Ernährungsfragen, das nicht zuletzt auch dank der Massenmedien erweitert wurde, zu Änderungen im Ernährungsverhalten beigetragen. In diesem Zusammenhang darf nicht unerwähnt bleiben, daß das Ernährungsverhalten aber auch von sozio-demographischen Bedingungen, wie Schul- und Berufsausbildung, Schichtzugehörigkeit, wirtschaftlichen Möglichkeiten u. a. m., mitbeeinflußt wird. Man kann also sagen, daß die Grundlagen des Ernährungsverhaltens in der Kindheit gelegt werden, diese aber im Verlaufe des Lebens weiter aus- bzw. überformt werden.

Ein weiterer wesentlicher Einflußfaktor – gerade im Alter – ist in der sozialen Lebenssituation zu sehen. Mit der Pensionierung, dem Auszug der Kinder und dem Tod des Ehepartners können die Mahlzeiten ihre soziale Komponente einbüßen. Das Essen verliert dann seine Funktion als Kommunikationsmedium. Das Essen in nicht gewollter Isolation kann Depressionen auslösen, „besonders wenn in dieser Situation – evt. durch eine besondere Speise oder Zubereitungsart – Erinnerungen an frühere Zeiten der Gemeinsamkeit hervorgerufen werden“ (16).

Nicht selten führt die Witwenschaft zu einem krassen Wechsel in den Ernährungsgewohnheiten. Weil jede Mahlzeit, die alleine eingenommen wird, die Erinnerung an den Verlust des Partners wiederbelebt, neigen viele Witwen und Witwer dazu, Eßsituationen zu meiden. Sie versuchen damit, dem Gefühl des Alleingelassen-worden-seins auszuweichen. Andere wiederum sind dem Essen gewohnheitsmäßig so zugeneigt, daß sie ihrem Alleinsein dadurch zu entgehen trachten, daß sie verstärkt Mahlzeiten aushäusig in Gaststätten oder auch in den Restaurants der großen Warenhäuser einnehmen. Hier suchen sie dann vor allem Ablenkung und das Gefühl der – wenn auch anonymen – Gemeinschaft.

Die im Alter veränderte Lebenssituation („alleine zu leben", „für niemanden mehr unmittelbar verantwortlich zu sein", „krank oder gebrechlich zu sein") und die eigene Deutung eben dieser Situation („nicht mehr so attraktiv wie früher zu sein", „nicht mehr gebraucht zu werden", „anderen zur Last zu fallen") können dazu führen, daß im Erwachsenenalter aufrechterhaltene Normen, z. B. darauf zu achten, nicht zu dick zu werden, an Bedeutung einbüßen. Eine Folge ist dann nicht selten, im Alter besonders viel zu essen, um sich von seinen Enttäuschungen, Belastungen und Verlusten abzulenken.

Allerdings gibt es auch alte Menschen, die aufgrund erlebter Frustrationen, Belastungen und Enttäuschungen und begleitender depressiver Gefühle dazu neigen, sich dem Essen zu verweigern. Sie sehen keinen Sinn mehr darin, sich gesund zu ernähren.

Insgesamt zeigt sich, daß im Alter das Ernährungsverhalten in vielschichtige soziale und psychische Zusammenhänge eingebunden ist. Wie alte Menschen sich ernähren, scheint weniger eine Frage der körperlichen Notwendigkeit als vielmehr eine Frage der sozialen Lebenssituation, der eigenen Lebensinterpretation und früherer Eßerfahrungen und -erlebnisse zu sein.

Leben im Alten- und Pflegeheim

Wenn wir uns mit dem Thema „Eßkultur im Heim" beschäftigen, dann besagt dies, daß wir keine Verpflegungshinweise und -konzepte für alte Menschen allgemein, sondern vorrangig für Menschen, die in Alten- und Pflegeheimen leben, vorstellen wollen. Offensichtlich ist, daß sich Heimbewohner von anderen alten Menschen vor allem darin unterscheiden, daß sie nicht mehr in ihrem angestammten Wohnumfeld, ihrer eigenen Wohnung, sondern in einer Institution – dem Heim – leben. Hier stellen sich nun verschiedene Fragen: Was versteht man unter Alten- und Pflegeheimen? Wer lebt in Alten- und Pflegeheimen? Wieso ziehen alte Menschen in Alten- und Pflegeheime? Was bedeutet es, in einem Heim zu leben?

Der Begriff „Alten- und Pflegeheim" ist ein Sammelbegriff für eine Vielzahl institutioneller Wohn- und Versorgungsformen im Alter. Ganz grob können die Heime nach Altenwohnheimen (für rüstige alte

Menschen), Altenheimen (für hilfeabhängige alte Menschen), Pflegeheimen (für pflegebedürftige alte Menschen) und Kurzzeitpflegeeinrichtungen (für eine vorübergehende stationäre Aufnahme pflegeabhängiger, alter Menschen) unterschieden werden. In vielen Einrichtungen sind diese stationären Versorgungsformen miteinander kombiniert (mehrgliedrige Heime). (Detaillierte Beschreibungen dieser unterschiedlichen Heimtypen sind im Anhang 1 „Überblick über Formen stationärer Alteneinrichtungen“ auf Seite 111 dargestellt.) In diesem Zusammenhang ist besonders daraufhin zu weisen, daß nicht der Name einer Einrichtung (z. B. Seniorenresidenz oder Wohnstift), sondern das Leistungsangebot und die Zielgruppe für die Heimzuordnung relevant sind. Die Heime unterscheiden sich des weiteren erheblich hinsichtlich der Lage, der Größe, der Ausstattung, der konzeptionellen Ausrichtung, des Wohnangebotes, des Leistungsumfanges und der Leistungsqualität. Die Heime werden in öffentlicher (Kommunen, Kreise), privat-gewerblicher oder gemeinnütziger (Wohlfahrtsverbände) Trägerschaft geführt.

Bei weitem nicht alle alten Menschen leben in Alten-und Pflegeheimen. Man schätzt, daß in Deutschland etwa 635.000 alte Menschen – das sind 4 % aller über 65jährigen – in einem Heim wohnen (17). Die Angabe von 4 % muß allerdings zur exakteren Bewertung nach verschiedenen Altersgruppen differenziert werden (siehe unten). Stellt man demgegenüber, daß etwa 2 Millionen hilfe- und pflegeabhängige alte Menschen zu Hause wohnen und familiär betreut werden, dann wird deutlich, daß in Alten- und Pflegeheimen nur eine, wenn auch in ihrer Größe nicht zu verachtende, Minderheit alter Menschen versorgt wird.

Hier stellt sich nun die Frage, wer von den hilfe- und pflegeabhängigen alten Menschen in Heimen wohnt?

Man kann nicht umhin, festzustellen, daß die Wahrscheinlichkeit, die Leistungen eines Heimes in Anspruch zu nehmen, mit steigendem Lebensalter wächst:

So leben in Deutschland

- von den 60 – 70jährigen 0,6 %,
- von den 70 – 80jährigen 2,4 %,
- von den 80 – 90jährigen 10,2 % und
- den über 90jährigen 21,6 %

in stationären Alteneinrichtungen (18).

Betrachtet man die gesamte Heimbewohnerschaft unter dem Aspekt der Geschlechterverteilung, dann fällt auf, daß in den Heimen 81,9% Frauen und nur 18,1% Männer wohnen (19).

Unterscheidet man die Heimbewohner nach Geschlecht und Familienstand, dann ergibt sich folgendes Bild (20):

- 48,0 % sind verwitwete Frauen,
- 23,1 % sind ledige Frauen,
- 9,6 % verwitwete Männer,
- 5,8 % ledige Männer,
- 4,4 % verheiratete Frauen,
- 4,3 % verheiratete Männer,
- 2,9 % geschiedene Frauen,
- 1,9 % geschiedene Männer.

Insgesamt zeigt sich, daß die Wahrscheinlichkeit, in der zweiten Lebenshälfte in einem Alten- und Pflegeheim zu wohnen, bei hochbetagten, verwitweten Frauen am größten und bei „jungen" (60 – 70jährigen), verheirateten Männern am geringsten ist, oder anders ausgedrückt: Das Schicksal einer Heimübersiedlung trifft etwa jeden zehnten Mann und etwa jede vierte Frau im Alter von 65 und mehr Jahren. Bei der Bewohnerschaft von Heimen handelt es sich also um eine Sondergruppe und nicht um ein gesellschaftliches Spiegelbild alter Menschen.
Hinsichtlich des Hilfe- und Pflegebedarfs von Heimbewohnern ist es in den letzten Jahren zu einer erheblichen Verschiebung der Bewohnerschaft gekommen. Die Alten- und Pflegeheime, die um 1970 zu etwa 70 % Altenheimbewohner und zu 30 % Pflegeheimbewohner versorgten, zeigten 1990 umgekehrte Relationen: 30 % Altenheimbewohner mit voraussichtlich abnehmender Tendenz und 70 % Pflegeheimbewohner mit einer Tendenz zur weiteren Anhebung dieses Anteils. Durch diese Entwicklung sind Alten- und Pflegeheime zunehmend zu Wohn- und Versorgungseinrichtungen für psychisch kranke alte Menschen und Menschen in der letzten Lebensphase geworden (21).

In allen Einrichtungen ist der Anteil hochbetagter (über 85 Jahre) und schwer- und schwerstpflegeabhängiger Menschen in den letzten Jahren überdurchschnittlich gestiegen. Innerhalb dieser Bewohnergruppe wiederum ist der Anteil dementiell Erkrankter überdurchschnittlich gewachsen. In manchen Heimen, die bislang für körperlich pflegeabhängige Bewohner ausgestattet waren, beträgt ihr Anteil bereits über 60 %. Das gestiegene Eintrittsalter der Bewohner führt des weiteren dazu, daß sich die Wohndauer deutlich verkürzt hat.

Die individuellen Gründe, die dazu führen, in ein Alten- und Pflegeheim zu ziehen, sind vielfältig. Derzeit gibt es noch keine verläßlichen Forschungsergebnisse über die tatsächlichen Anlässe und Gründe für einen Heimeinzug. Man nimmt aber an, daß die nachfolgend aufgeführten Gründe die Entscheidung für eine Heimübersiedlung maßgeblich beeinflussen:

1. *Absicherung für den Fall, auf Hilfe und Pflege anderer angewiesen zu sein,*
2. *Sicherung der Eigenständigkeit und Unabhängigkeit gegenüber den eigenen Kindern und Angehörigen im Falle der Pflegebedürftigkeit,*
3. *fehlende oder unzureichende sozial-pflegerische Versorgung im persönlichen Umfeld (Ehepartner, Kinder, Angehörige, Nachbarn),*
4. *(Mehrfach-)Erkrankungen mit bleibenden Behinderungen bzw. Restschädigungen, die eine eigenständige Haushalts führung unmöglich machen,*
5. *Verlust wichtiger Bezugspersonen, wie Ehepartner, pflegende Angehörige (Tochter, Schwiegertochter) usw.*
6. *Spannungen und Konflikte in der versorgenden Familie,*
7. *Erkrankung des pflegenden Familienmitglieds,*
8. *unzureichende oder zu teure Unterstützung durch ambulante Dienste,*
9. *unzureichende ärztliche Versorgung und Begleitung,*
10. *Überforderung und Überlastung der pflegenden Angehörigen,*
11. *Entlastung von alltäglichen (Haushalts)-Verpflichtungen,*
12. *Vermeidung von Alleinsein und Einsamkeit.*

Grundsätzlich ist anzunehmen, daß nicht ein einzelner der vorgenannten Gründe für eine Heimübersiedlung ausschlaggebend ist. In der Regel treten mehrere der vorgenannten Gründe oder Anlässe auf und lassen so einen Umzug in ein Heim wahrscheinlich werden. Oder anders ausgedrückt: Die Pflegebedürftigkeit alleine ist kein hinreichender Grund zur Übersiedlung in ein Heim.

Hinsichtlich der Eingewöhnung in die neue Wohn- und Lebenssituation eines Heimes ist zwischen freiwilligen, selbstgewählten, geplanten und unfreiwilligen, unumgänglichen Heimübersiedlungen zu unterscheiden. Man kann sagen: Je stärker die Entscheidung vom Betroffenen selbst gewollt, d. h. freiwillig getroffen wurde, desto besser kann die Umstellung auf die neue Lebens- und Wohnform gelingen. Je umfassender also das pflegerische Versorgungsangebot, desto wahrscheinlicher ist, daß die Entscheidung zur Übersiedlung weniger durch Freiwilligkeit als durch den Zwang der Umstände herbeigeführt wurde.

Aus der Sicht des Bewohners stellt eine Heimübersiedlung, die z. B. aufgrund einer chronischen Erkrankung erforderlich wurde, eine große Belastung dar. Im einzelnen sind in diesem Zusammenhang die folgenden spezifischen Ängste und Belastungen zu nennen (22):

- Einbuße an Selbstversorgungskompetenzen,
- (drohender) Verlust einer Zukunfts- und Lebensperspektive,
- Angst, von anderen Menschen abgelehnt zu werden,
- Angst, die Schädigungen und Beeinträchtigungen könnten sich verschlimmern,
- Angst, die einzelnen Körperfunktionen nicht mehr kontrollieren zu können und immer mehr Sicherheit einzubüßen,
- Gefühle einer zunehmenden Isolation (nicht mehr gebraucht zu werden, anderen zur Last zu fallen),
- Gefühl der Unveränderbarkeit der Situation,
- Angewiesensein auf Hilfe anderer,
- Angst, verbittert zu werden, zu resignieren und nicht mehr die Kraft zu haben, mit der Krankheit umzugehen,
- Gefühl, für andere eine Last zu sein,
- Konflikte mit Angehörigen (Kindern),
- körperliche Schmerzen und Mißempfindungen,
- Sorge, von anderen nicht richtig verstanden zu werden.

Chronisch krank zu sein und in einem Heim zu leben erfordert von jedem einzelnen Bewohner, einen Weg zu finden, mit diesen Belastungen und Ängsten „fertig“ zu werden. In einem Heim zu leben, ist somit wahrlich keine leichte Aufgabe, sondern eine große Herausforderung. Von daher ist es nur allzusehr verständlich, daß nicht wenige Bewohner vor dieser Aufgabe, z. B. durch die bewußte oder unbewußte Flucht in eine erhöhte Pflegebedürftigkeit, in eine Verwirrtheit, resignieren.

Heime bilden in aller Regel das Ende des eigenständigen und unabhängigen Wohnens bzw. das Ende der außerstationären Versorgungskarriere, d. h. für den Heimbewohner gibt es – abgesehen von ganz wenigen Ausnahmen – nach dem Einzug keine Wohn- und Versorgungsalternative mehr. Die angestammte Wohnung ist meist mit dem Einzug in ein Heim aufgelöst. Es ist auch nahezu unmöglich, als Heimbewohner auf dem freien Wohnungsmarkt, eine neue Wohnung zu finden. Für den Heimbewohner bedeutet dies, daß es nach dem Umzug so gut wie kein Zurück mehr gibt. Das Heim wird somit zum letzten Wohn- und Lebensort des alten Menschen.

In einem Heim – nur mit alten Menschen – und wahrscheinlich noch in einem Zwei-Bett-Zimmer zu wohnen, ist eine höchst künstliche und ungewohnte Lebenssituation. Für einen alten Menschen bedeutet dies nicht nur, Abschied zu nehmen bzw. genommen zu haben von fast allem, was ihm vorher lieb und wichtig war, sondern vor allem auch, sich an viele neue Menschen, neue Abläufe, neue Räumlichkeiten, neue Gemeinschaftsregeln – um nur einige Aspekte zu nennen – zu gewöhnen.

Im einem Heim zu arbeiten – unabhängig von der Funktion – bedeutet, sich dieser besonderen Lebensbedingungen bewußt zu sein und Wege und Möglichkeiten zu entwickeln, das Leben für den Bewohner so sicher und verläßlich, so bewohnerorientiert-individuell und so lebendig und phantasievoll zu gestalten, daß der Bewohner lernen kann, das Heim als „sein (letztes) Zuhause" anzuerkennen.

Zusammenfassend bleibt festzuhalten: Heime bilden das letzte Glied der sozialen und gesundheitlichen Versorgungskette. Nur eine „Minderheit" aller alten, hilfe- und pflegeabhängigen Menschen lebt im Heim. Es sind überwiegend hochbetagte Frauen, Witwen. In einem Heim zu wohnen, stellt an sie vielfältige Herausforderungen. Diesen unterstützend zu begegnen, ist eine der zentralen Aufgaben des Alten- und Pflegeheimes.

Aufgabe und Verantwortung der Küche

Daß Küche nicht gleich Küche ist, ist eine Binsenweisheit. Die besondere Aufgabenstellung und Verantwortung einer Heimküche läßt sich am besten im Vergleich und in Abgrenzung verschiedener

Küchenformen herausarbeiten. Deshalb sollen im folgenden in aller Kürze die charakteristischen Aspekte der Familienküche, der Küche in der Gastronomie, der Kantinenküche und der Küche im Heim dargestellt werden.

In der Familie liegt die Wiege jeglicher Eß- und Ernährungserfahrung. Sie ist die „Haupternährungsinstanz" im Leben vieler Menschen. Die Zahl der Familienmitglieder ist heute überschaubarer denn je zuvor. Die individuellen Eß-Gewohnheiten und Vorlieben sind bekannt. Prinzipiell kann jedes Familienmitglied eigene Essenswünsche einbringen.

In jeder Familie werden höchst individuelle Rituale im Zusammenhang mit dem Essen gepflegt. Diese beziehen sich auf die Essenszeiten, („Wer zum Essen nicht pünktlich erscheint, muß sich das Essen selber warm machen") die Essensformen, („Unter der Woche wird immer abends warm gegessen") die Abfolge der Speiseverteilung („Den Nachtisch darfst Du nur haben, wenn Du Deinen Teller leer gegessen hast") usw.

Die innerfamiliäre Aufgabenwahrnehmung hinsichtlich der gesamten Verpflegung ist trotz Emanzipation und Frauenbewegung nach wie vor überwiegend in den Händen der Frauen, wenngleich auch andere Familienmitglieder für einzelne Aufgaben hinzugezogen werden (z. B. die Kinder für den Aufwasch oder der Mann für das Einkaufen). Letztlich tragen aber alle Familienmitglieder dafür Verantwortung, daß vom Einkauf bis zum Abwaschen die Aufgaben, die mit der Verpflegung zusammenhängen, geregelt werden.

Gegenüber dem eher ganzheitlichen Verpflegungsansatz der Familie bietet das Restaurant bzw. die Gaststätte nur eine bestimmte Auswahl an Speisen und Gerichten an. Das begrenzte Speisenangebot im Rahmen einer mehr oder minder flexibel gehandhabten Speisekarte wird vom Koch und nicht von den Gästen festgelegt. Mit der Speisekarte erwirbt das Restaurant sein spezielles Image, das wiederum selektiv auf die Gästeauswahl wirkt. Die Gäste sind, bis auf die Stammgäste, weder namentlich noch zahlenmäßig genau bekannt. Die genauen Essenszeiten der Gäste sind – außer bei vorherigen Reservierungen – ebenfalls nicht bekannt. Der Erfolg eines Restaurants hängt u. a. von der Bewertung seiner Speisen durch die Gäste ab. Das Restaurant bzw. die Gaststätte wird in aller Regel nicht täglich besucht, sondern stellt im Erleben der

Gäste eher eine besondere (Ausnahme-)Situation dar. „Man ißt nicht täglich im Restaurant." In der Gastronomie ist der Gast Konsument und nicht Produzent.

Stellt der Besuch eines Restaurants eher die Ausnahme dar, so ist der Besuch einer Kantine eher regelhaft im Arbeitsleben verankert. Die Kantine bietet im wesentlichen eine Mahlzeit (Mittagessen) und je nach Größe und Ausstattung noch weitere in aller Regel kleinere Speisen an. Der Besucherkreis wird durch die betriebliche Zugehörigkeit definiert und ist somit weitestgehend bekannt. Die Zeit des Mittagessens ist durch die betrieblichen Pausenzeiten ziemlich genau kalkulierbar. Den Besuchern steht für das Essen nur wenig Zeit (Pausenzeit) zur Verfügung oder anders ausgedrückt: Die Küche hat dafür zu sorgen, daß das Mittagessen pünktlich und rechtzeitig eingenommen werden kann. Die Auswahl der Speisen ist gegenüber einem Restaurant deutlich begrenzter, da das Katinenessen möglichst preiswert sein soll. Hinsichtlich der Auslastung ist auch die Kantine von der Beurteilung ihrer Leistungen durch die Kantinenbesucher abhängig. Je nach Bewertung nutzen Betriebsangehörige die Kantine täglich, ab und zu oder gar nicht.

Gerade im Vergleich und in Abgrenzung zu den beschriebenen Verpflegungsinstanzen weist die Heimküche eine Vielzahl struktureller Besonderheiten auf:
Die Verpflegungsgäste sind Heimbewohner. Sie leben deshalb in einem Heim, weil sie einen eigenen Haushalt nicht mehr führen können oder wollen. Häufig sind die Bewohner gesundheitlich beeinträchtigt. Ihren Möglichkeiten, ihr Leben so zu gestalten, wie sie sich das wünschen, sind nicht selten deutliche körperliche und/ oder geistige Grenzen gesetzt. Sie leben deshalb im Heim, weil sie sich von dieser Einrichtung Sicherheit, Unterstützung und Verständnis versprechen.

Da die Bewohner in einem Heim leben, sind sie prinzipiell den ganzen Tag erreichbar bzw. ansprechbar. Es ist also vergleichsweise leicht, die Bewohner über ihre Essens- und Verpflegungswünsche zu befragen bzw. sie in das Ernährungsgeschehen einzubinden. Den Mitwirkungsmöglichkeiten seitens der Bewohner sind – wenn sie selbst diese auch wollen – kaum Grenzen gesetzt. Auch hinsichtlich der Essenszeiten sind die Bewohner nicht durch anderweitige Verpflichtungen begrenzt; Essenszeiten stellen oftmals einen wichtigen Einschnitt in die Monotonie des Tages dar.

In Vollverpflegung im Heim zu sein bedeutet alle Mahlzeiten, alle Speisen und fast alle Getränke über 24 Stunden am Tag, über sieben Tage in der Woche und über 365 Tage im Jahr aus einer Küche zu beziehen. Bei den Heimbewohnern führt die Situation, alle Mahlzeiten in recht regelmäßigen Abständen zu bekommen, oftmals dazu, daß sie eigentlich keinen Hunger mehr haben. Heimbewohner gehen also nicht mehr deshalb zum Essen, weil sie ihren Hunger stillen wollen, sondern weil es auf dem Zeitplan steht, weil es erwartet wird, weil es eine Abwechslung bietet oder weil man dort anderen Menschen begegnet.

Die Küche im Heim ist in eine Gesamteinrichtung, ein umfassendes soziales System eingebunden. In diesem Sinne ist die Küche nicht selbständig (wie ein Restaurant), sondern Teil einer übergreifenden Dienstleistungseinrichtung, die alte, hilfe- und pflegeabhängige Menschen begleitet, unterstützt und fördert. Die Theorie sozialer Systeme lehrt, daß die Qualität eines Systems immer vom schwächsten Glied eines Systems bestimmt wird. Glieder des Systems „Heim" sind: die Verwaltung, die Pflege, der Sozialdienst, die Haustechnik, die Küche, die Wäscherei usw. Wenn sich also die Küche im Heim – wie bisher – nur als „Zuliefer- oder Essenszubereitungsinstanz" versteht, wertet sie sich selbst nicht nur ab, sondern verhindert auch, daß die Gesamteinrichtung mehr Lebensqualität für „ihre" Bewohner möglich macht. Anders ausgedrückt: Die Heimküche sollte ihre Verantwortung und Zuständigkeit vorrangig darin sehen, Lebensqualität zu vermitteln und die Ernährung dann sozusagen als Mittel einzusetzen, über das Lebensqualität „transportiert" wird. Erst dann kann auch die Gesamteinrichtung ihrer Aufgabenstellung gerecht werden.

Zusammenfassend bleibt festzuhalten: Die verschiedenen Formen der Küche unterscheiden sich erheblich in Zielsetzung, Aufgabenstellung und Rahmenbedingungen. Die Heimküche weist eine Vielzahl von Besonderheiten auf, denen man nicht gerecht werden kann, wenn man sich vornehmlich auf die Essenszubereitung konzentriert. Gerade im Alten- und Pflegeheim ist die Küche gefordert, ihr Selbst- und Aufgabenverständnis um eine gerontologische, psychologische und soziale Perspektive zu erweitern.

Die besonderen Anforderungen an die Heimküche

Die Heimküche als ein wesentlicher Bestandteil des Heimes ist gefordert, der besonderen Lebens- und Wohnsituation alter Menschen mit ihren besonderen Mitteln zu begegnen. Was heißt das? Zur Beantwortung dieser Frage werden im folgenden heimtypische Besonderheiten aufgezeigt und die Folgen für die Heimküche unter dem Aspekt einer zu entwickelnden Eßkultur im Heim abgeleitet.

Das Essen ist eines der wichtigsten Gesprächsthemen im Heim. Dies wird insbesondere dann deutlich, wenn das Essen mal nicht so gut gelungen ist, den Erwartungen der Bewohner nicht entsprochen hat oder nicht pünktlich fertig war. Dies ist ein deutlicher Hinweis darauf, daß das Essen und die Mahlzeiten für die Bewohner eine existentiell wichtige Bedeutung haben – als soziales Ereignis, als „Sache", von der sie etwas verstehen, als Thema, bei dem sie mitreden können, als Abwechslung und Höhepunkt des ansonsten häufig tristen Heimalltages.

■ Für die Heimküche bedeutet das: sich der Bedeutung der Mahlzeiten im Heimalltag bewußt zu werden und das „Expertenwissen" der Bewohner zu nutzen.

Die überwiegende Zahl der Heimbewohner ist weiblich und war mehrheitlich in ihrem früheren Leben verantwortlich für die Ernährung ihrer Familien. Sie können somit auf ein lange Erfahrung in der Essenszubereitung zurückblicken. Wird diese biographisch gewordene Erfahrung nach der Übersiedlung in ein Heim nicht respektiert, bedeutet das für die Bewohner ein Nicht-ernst-nehmen ihrer Persönlichkeit. Dies fördert ihre Entwurzelung.

■ Für die Heimküche bedeutet das: den Bewohnern und ihrer Lebenserfahrung mit Respekt zu begegnen.

Die Bewohner in Verpflegungsfragen „außenvor" zu lassen, wird zusätzlich durch Gesundheitsvorschriften, aber vor allem durch Organisationsstrukturen und Aufgabenauffassungen in den Heimen gefördert. Nicht selten werden Bewohner, auch gegen ihren Willen, aus dem Ernährungsbereich ausgegrenzt und ihre Mitwirkung auf die Teilnahme an Speiseplanbesprechungen beschränkt. Die häufig geäußerte Kritik der Bewohner am Essen läßt sich vor diesem Hintergrund als Hinweis auf ihre vorhandene eigene Kompetenz in

Verpflegungsfragen verstehen. Sie drücken hiermit aus, daß sie bei der Verpflegung und Mahlzeitenzubereitung mitreden und mitmachen wollen und können.

■ Für die Heimküche bedeutet das: kreativ und phantasievoll vielfältige Mitwirkungsmöglichkeiten in allen Küchenfragen für die Heimbewohner zu schaffen.

Häufig klagen Heimbewohner auch über die Monotonie des Alltagbetriebs im Heim. Die Tage, Wochen und Monate unterscheiden sich kaum noch voneinander. Fast jeder Tag gleicht dem anderen. Nur an den Wochenenden spüren sie Veränderung: es ist weniger Personal im Dienst.Vor diesem Hintergrund gewinnen die Mahlzeiten eine wichtige tages-, wochen-, monats- und jahresstrukturierende Funktion. Sie gliedern den Tag, die Woche, den Monat und das Jahr im Heim und sind immer wiederkehrende Ereignisse, auf die sich die Bewohner verlassen und immer wieder freuen können.

■ Für die Heimküche bedeutet dies: Abwechslung durch kulinarische Höhepunkte für den Tag, für die Woche, für den Monat und für das Jahr zu schaffen.

Über viele Jahrzehnte hinweg haben die Bewohner individuelle Eßgewohnheiten und Lieblingsspeisen entwickelt. Diese sind beeinflußt durch:

- die eigene Ursprungsfamilie (Großmutters und Mutters Küche),
- regionale Herkunft (Regionale Küche),
- persönliche Erfahrungen (Erfahrungen durch Krieg, Hunger, Reisen),
- Schichtzugehörigkeit (Angehörige der Mittel- und Oberschicht ernähren sich vielseitiger als Angehörige der Unterschicht),
- soziale Einbindung des Essens (Alleinessen, Familientisch, Sonntagsessen),
- Bedeutung des Essens (Stellenwert des Essens gegenüber anderen Aktivitäten),
- Gesundheitszustand (Krankheit, Behinderung, Pflegebedürftigkeit).

Diese höchst individuell entwickelten Gewohnheiten und Vorlieben sind im Verlaufe der vielen Jahre auf das engste mit der Persönlichkeit des Bewohners verwachsen.

■ Für die Heimküche bedeutet dies: den Dialog mit den Heimbewohnern zu suchen, um ihre Gewohnheiten und Vorlieben herauszufinden und diese in ihrem Verpflegungskonzept widerspiegeln zu lassen.

Aufgrund gesundheitlicher, finanzieller (Barbetrag) und heimvertraglicher Vorgaben ist es vielen Heimbewohnern nicht mehr möglich, außerhalb des Heimes Essen zu gehen.

■ Für die Heimküche bedeutet dies: die Vielfalt der Küchen in das Heim zu bringen (z. B. eine Mahlzeit von einem ortsansässigen Restaurationskoch zubereiten zu lassen).

Die Bewohner sind bis an ihr Lebensende von der Vollverpflegung der Heimküche abhängig. Die Abhängigkeit von der Vollverpflegung, gepaart mit geringen finanziellen Möglichkeiten, kann zu sozialer Isolierung führen. Da der Bewohner sich abhängig fühlt, glaubt er, daß andere Menschen sich kaum noch für ihn interessieren.

■ Für die Heimküche bedeutet dies: alles zu unterlassen, was im Bewohner das Gefühl der Abhängigkeit verstärken könnte.
Das Essen ist einer der institutionalisierten Anlässe, um mit Mitbewohnern Kontakt aufzunehmen. Aber es fehlt häufig an Gelegenheiten für Bewohner, eigene Gäste (Angehörige, Freunde, Bekannte usw.) einladen zu können. Aufgrund betrieblicher Regularien wird es Bewohnern besonders erschwert, eigene Gäste zum Essen einzuladen. Gäste spontan einladen und bewirten zu können, ist ein wichtiges Merkmal eines „Zuhause“, anders ausgedrückt: Der Bewohner kann sich nicht zu Hause fühlen, wenn ihm diese Möglichkeit nicht eingeräumt wird.

■ Für die Heimküche bedeutet dies: den Heimbewohnern Möglichkeiten anzubieten, auf ihre Weise wieder Gastgeber sein zu können.

Sich abhängig zu fühlen, für andere nicht mehr interessant zu sein und Angehörige, Freunde oder Bekannte nicht einladen zu können ist vielleicht der Schlüssel zur Erklärung der häufig beklagten Passivität und „Interesselosigkeit“ von Heimbewohnern.

■ Für die Heimküche bedeutet dies: der natürlichen Verbindung von Essen, Lust und Nähe starken Ausdruck zu geben.

Die urmenschliche Verbindung von Essen, Lust und Nähe endet nicht mit der Übersiedlung in ein Heim. Über lange Zeit wurde diese Verknüpfung im Heimalltag übersehen und vernachlässigt. Zu sehr stand die pflegerische Versorgung alter Menschen im Vordergrund. Im Gegensatz zum Essen erinnert jede pflegerische Handlung an die Begrenztheit der eigenen Möglichkeiten durch Krankheit und an die Abhängigkeit von anderen; das Essen dahingegen schafft Erlebnissphären, die mit Lust und Nähe verbunden sind.

■ Für die Heimküche bedeutet dies: mit dem Essen genußvolle Erlebnisqualitäten zu ermöglichen.

Gemeinschaftliche Kochvorbereitungen in der Küche

Diese Aufgabe ist lange Zeit von der Küche im Heim nicht gesehen und wahrgenommen worden. Wie eine Studie der Verbraucherberatung über die Situation in Hamburger und Hessischen Alten- und Pflegeheimen zeigt, werden nur in 21 % der untersuchten Heime von der Küche „Sonderaktionen" wie „Vollwertkost-Tage", „Vegetarische Tage" oder „Bayrische Tage" durchgeführt. (23) Das Selbstverständnis der Küche begrenzte sich fast ausschließlich auf die Erstellung von Speisen – und das noch häufig ohne allzu großes Engagement.

■ Für die Heimküche bedeutet dies: Engagement zu entfalten und Veranstaltungen, Aktionen und Projekte über die normale Tagesverpflegung hinaus zu kreieren.

Das Wissen um die existentielle Abhängigkeit und die besondere Lebenssituation des Bewohners hat für das Alten- und Pflegeheim weitreichende Konsequenzen: da es für den Bewohner keine Wohn-, Versorgungs- und Verpflegungsalternativen mehr gibt, übernimmt nunmehr das Heim in ethischer und sozialer Selbstverpflichtung die Verantwortung, dem Bewohner bedürfnisorientierte Lösungen hinsichtlich Tagesablauf, Pflege, Betreuung und Verpflegung zu bieten. Das existentielle Angewiesen sein eines Heimbewohners darf aber aus einem Heim weder ein Ghetto noch eine Zwangseinrichtung werden lassen.

■ Für die Heimküche bedeutet dies: dem Willen bzw. dem mutmaßlichen Willen des Bewohners einen hohen Stellenwert zukommen zu lassen.

Das Essen hat Botschaftscharakter: Über die Auswahl der Produkte (Nährstoffe), die Qualität der Essenszubereitung, die Art der Präsentation und die Atmosphäre des Speiseraumes vermittelt die Heimküche dem Bewohner, welches Bild, welchen Eindruck sie von ihm hat und welche Beziehung, beziehungsweise welche Partnerschaft sie sucht.

■ Für die Heimküche bedeutet dies: den Bewohner zu sehen als einen wertvollen und liebenswerten Menschen, der alt ist – also eine lange Vergangenheit hinter sich und eine begrenzte Zukunft vor sich hat –, der aber prinzipiell die gleichen Bedürfnisse wie jüngere Menschen hat, für sein Leben selbstverantwortlich ist und im Rahmen seiner Möglichkeiten in die Belange, die ihn betreffen, einzubeziehen ist.

Sich selbst als ein Küchenteam zu sehen, das mit Lust, Kreativität, Phantasie, Lebendigkeit und Fachkompetenz seine Aufgabe, Bewohner ganzheitlich zu verpflegen, wahrnimmt, sollte der Anspruch eines jeden Mitarbeiters in der Heimküche sein. Des weiteren sollte es das Bestreben sein, eine Beziehung zwischen Heimküche und Bewohnerschaft aufzubauen, die sich auf Partnerschaft, Kooperation, Dialog, gegenseitigen Respekt und Wertschätzung stützt.

■ Für die Heimküche bedeutet dies: Arbeitsformen zu entwickeln, die den Teamgeist stärken und beflügeln.

Zusammenfassend bleibt festzuhalten, daß die Heimküche über hervorragende Möglichkeiten verfügt, einen wesentlichen Beitrag zur Verbesserung der Lebensqualität im Heim einzubringen, wenn sie die Lebenserfahrung der Bewohner und die Lebensbedingungen im Heim in den Mittelpunkt ihrer Betrachtung stellt. Die Heimküche kann dies jedoch nur leisten, wenn sie ihr Aufgabenverständnis neu interpretiert.

Eßkultur im Heim

Praktisch umgesetzt

Eßkultur im Heim – praktisch umgesetzt

Das Konzept Eßkultur im Heim zielt darauf, mit den Mitteln der Ernährung und Verpflegung einen Beitrag zur Gesunderhaltung und zur Verbesserung der Lebensqualität alter Menschen, die in Alten- und Pflegeheimen wohnen, zu leisten. Die Heimküche verfügt über eine Vielzahl an Möglichkeiten, die Lebensqualität der Heimbewohner positiv zu beeinflussen. Im Gegensatz zur Pflege, die „zwangsläufig" die Bewohner immer auch an ihre Erkrankungen und Behinderungen erinnert, kann die Küche über die mit dem Essen positiv verbundenen Erinnerungen und Genußerfahrungen arbeiten. Wenn die Küche ihr Selbstverständnis gerontologisch, psychologisch und sozial weiterentwickelt und ihre Ressourcen entsprechend zu nutzen lernt, kann sie im Heim zum Motor von Lebensqualität werden.

Im folgenden werden die besonderen Möglichkeiten und Instrumente der Küche zur Vermittlung von Lebensqualität dargestellt. Die Neuinterpretation der einzelnen „Arbeitsinstrumente", wie Küchen-Philosophie, Zielsetzung, Kostformen, Speiseplangestaltung, Speiseverteilung, Speiseraum als Eßkulturraum und Information ergibt in ihrer Gesamtheit das auf Lebensqualität im Alter orientierte Konzept der „Eßkultur im Heim".

Die Küchen-Philosophie

Zur Umsetzung des Konzeptes Eßkultur im Heim bedarf es einer Küchen-Philosophie. Hier veröffentlicht die Küche ihr Selbstverständnis. Wünschenswert wäre, wenn diese Küchen-Philosophie in eine bestehende Heim-Philosophie eingebunden wäre. Es ist aber keine zwingende Voraussetzung, daß zuerst die Heim-Philosophie niedergelegt sein muß. Es ist auch denkbar, daß hier die Küche eine Vorreiterrolle übernimmt und sie mit ihrer Philosophie Voraussetzungen schafft, die dann zu einem späteren Zeitpunkt zu einer Einrichtungs-Philosophie führen.

In einer Philosophie drückt sich eine übergreifende Haltung oder Leitvorstellung aus. Sie ist insofern verbindlich, als sich Alltagsentscheidungen an ihr messen lassen müssen. Auf der anderen Seite ist sie aber so umfassend und langfristig angelegt, daß genügend Spielraum für kreative Einzelentscheidungen gegeben ist. Eine Küchen-Philosophie, die sich dem Konzept Eßkultur verpflichtet weiß, könnte etwa wie folgt formuliert sein:

Küchen-Philosophie

Die Heimküche ist zuständig für die Verpflegung der Bewohner. Hierbei vertreten die Mitarbeiter der Küche ein ganzheitliches Ernährungsverständnis, d. h. die Küche versteht ihre Aufgabe als Beitrag zur qualitativen Verbesserung der Lebenssituation der Heimbewohner.

Im einzelnen beinhaltet ein ganzheitliches Ernährungsverständnis:

- die Achtung der Individualität und Persönlichkeit eines jeden Bewohners,
- die Schaffung einer engen Vertrauensbeziehung zu den Bewohnern,
- die umfassende Sicht von Ernährung im Gesamtzusammenhang von Körper, Geist und Seele,
- den Respekt vor den natürlichen Ressourcen,
- die Berücksichtigung ernährungsphysiologischer Kenntnisse,
- die gleichberechtigte Zusammenarbeit mit allen Arbeits- und Funktionsbereichen der Einrichtungen.

Die Küchenziele

Die Küchen-Philosophie gewinnt nur dann einen praktischen Wert, wenn diese nicht nur allen bekannt ist, sondern wenn sie vor allem durch entsprechende Zielsetzungen untermauert wird. Ziele unterscheiden sich von Leitbildern darin, daß sie unmittelbar umsetzbar sind und ihre Umsetzung überprüfbar ist. Ohne klare und eindeutige Zielvorgaben, läßt sich keine Eßkultur entwickeln, dann wird Eßkultur zu einem nebulösen Anspruch, der von anderen nicht ernstgenommen wird. Bei der Festlegung von Zielen ist besonders darauf zu achten, daß ihre Umsetzung auch wirklich möglich ist, denn Ziele, die unrealistisch sind, führen nur zu Enttäuschungen und Frustrationen. Realistische Ziele zu entwickeln, setzt also voraus, daß die eigene Situation genau analysiert wird. Daraus sind dann konkrete Perspektiven (Ziele) der Weiterentwicklung abzuleiten. Aufgrund der unterschiedlichen Bedingungen der verschiedenen Heimküchen können natürlich hier keine allgemeingültigen Zielvorgaben, die zur Eßkultur im Heim führen, vorgestellt werden. Die konkrete Zielfindung und -entwicklung muß jede Heimküche selbst leisten.

Im folgenden sollen systematisiert Ideen, Anstöße und Anregungen für denkbare Ziele dargestellt werden. Sie sind nicht umfassend, sondern deuten nur an, welche Ziele sinnvoll sind, um das Konzept Eßkultur im Heim zielorientiert umzusetzen.

Es gibt verschiedenste Modelle und Ansätze der Zielentwicklung, d. h. der Zielfindung, der Zielformulierung, der Zielfestlegung. Im folgenden sollen zwei Ziel-Modelle vorgestellt werden. Zum einen lassen sich Ziele nach Grundsatz- und Einzelzielen und zum anderen orientiert an einem zeitlichen Kontinuum unterscheiden.

In diesem Sinne sind z. B. Gundsatzziele einer zu entwickelnden Eßkultur:

- gut und frisch zu kochen,
- eine vielfältige, abwechslungsreiche und vollwertige Ernährung anzubieten,
- Kochtechniken richtig anzuwenden,
- die speziellen Bedürfnisse aller Bewohner zu kennen,
- die soziale Kompetenz der Bewohner durch Schaffung vielfältiger Mitwirkungsmöglichkeiten zu stärken,
- Wahl- und Entscheidungsmöglichkeiten der Bewohner zu erhalten und zu fördern,
- intensiven Kontakt zu Bewohnern aufzubauen,
- gegenüber Kritik von Bewohnerseite offen zu sein,
- das Essen als Instrument der Aktivierung von Bewohnern zu nutzen,
- die ständige Fort- und Weiterbildung der Mitarbeiter zu fördern.

Einzelziele können demgegenüber sein:

- die Farbkomposition der Menüs zu beachten,
- jeden Teller einzeln zu garnieren,
- die Menues wöchentlich mit den Bewohnern zu beraten,
- täglich ein Frühstücks- und Salatbuffet anzubieten,
- das Gemüse „à la minute“, auf den Service zu kochen,
- Veranstaltungen mit den Bewohnern zu planen und durchzuführen,
- Rezepte von Bewohnern zu erfragen,
- Kontakte zu Bewohnern durch Mitarbeit der Küchenmitarbeiter im Service aufzubauen und zu pflegen

u. v. a. m.

Einzelziele stehen zu Grundsatzzielen wie Einzelkomponenten zum Menü, oder anders ausgedrückt: Einzelziele ergeben in ihrer Summe die gewünschten Grundsatzziele.

Aufgeschlüsselt nach einem zeitlichen Kontinuum lassen sich Jahres-, Monats-, Wochen- und Tagesziele unterscheiden. Hierbei ist zu berücksichtigen, daß sich die Wochenziele nicht aus der Aneinanderreihung der Tages-, die Monatsziele nicht aus der Aneinanderreihung der Wochen- und die Jahresziele nicht aus der Aneinanderreihung der Monatsziele ergeben. Jede Zeitdimension wird in der ihr eigenen Zeitqualität und der ihr eigenen Wertigkeit gesehen.

Beispiele für Jahresziele sind:

- regionale, religiöse und/oder heimatliche Traditionen zu pflegen,
- kulinarische Höhepunkte zu schaffen,
- klimatische Bedingungen bei der Speiseplangestaltung zu berücksichtigen,
- Tischdekorationen entsprechend den Jahreszeiten auszuwählen,
- die Produkte entsprechend der Jahreszeiten einzusetzen,
- neue Produkte (Vollkornprodukte, Tofu, Light-Komponenten u.a.m.) und neue Gerichte (Cus-Cus, Pizza, Cuvec o.a.) einzuführen,
- Aktionen für Bewohner, Angehörige, Freunde und interessierte Außenstehende zu veranstalten,
- die Veranstaltungen und Aktionen so vielfältig zu planen, daß über das Jahr gesehen für jeden Bewohner Mitwirkungsmöglichkeiten gegeben sind

u. v. a. m.

Monatsziele können sein:

- jeden Monat einen kulinarischen Höhepunkt zu schaffen,
- Planung und Durchführung einer Veranstaltung oder Aktion besonders während der Wintermonate,
- mindestens einmal im Monat ein Gericht auf den Wohn- und Pflegeabteilungen zu kochen und/oder zu servieren.

Wochenziele können sein:

- jede Woche einen kulinarischen Höhepunkt zu schaffen,
- den Sonntag mit Hilfe des Essens als Sonntag erlebbar werden zu lassen,
- nicht mehr als insgesamt sechsmal Fleisch bzw. Wurst anzubieten,
- ein Gericht zuzubereiten, das bisher noch nie im Heim angeboten wurde,
- Wochen-Traditionen (z. B. freitags ein Fischmenü) beizubehalten,
- die Menüs wöchentlich mit den Bewohnern zu beraten.

Tagesziele können sein:

- vom Frühstück bis zur Spätmahlzeit eine ausgewogene, vollwertige und gesunde Kost anzubieten,
- mindestens einmal Rohkost anzubieten,
- Abwechslung der Grundzubereitungsarten zu berücksichtigen,
- die Speisen schön anzurichten und zu garnieren,
- eine Auswahl an Serviceformen anzubieten, die den Bewohnern eigene Entscheidungen und Wahlmöglichkeiten lassen und sie so in ihrer Selbständigkeit fordern und fördern,
- Anwesenheit und Mitarbeit der Küchenmitarbeiter, einschließlich des Küchenchefs, während der Hauptmahlzeiten im Speiseraum.

Konkrete Ziele, die eine Umsetzung des Konzeptes Eßkultur im Heim ermöglichen, müssen bezogen auf die Bedingungen und Voraussetzungen des jeweiligen Heimes entwickelt werden. Entscheidend ist aber der Grundsatz: Eßkultur im Heim läßt sich nur verwirklichen, wenn die Ansprüche und Vorstellungen in erreichbare Ziele aufgeteilt werden.

Die Sonderkostformen

Die bisher dargestellten Ernährungsgrundsätze (siehe Ernährung und Gesundheit, Seite 18) gelten für den weit überwiegenden Teil alter Menschen. Es sind jedoch unter Heimbewohnern eine Reihe von Situationen gegeben, die eine besondere Kostform verlangen. Im folgenden sind die häufig im Alten- und Pflegeheim vorkommende Sonderkostformen unter dem Aspekt einer sich entwickelnden Eßkultur im Heim dargestellt:

Pürierte Kost

In vielen Alten- und Pflegeheimen ist zu beobachten, daß pürierte Kost in einem Übermaß angeboten wird. Häufig wird dies damit begründet, daß die Bewohner dies wünschen oder daß die Bewohner nicht mehr gut kauen können. Es ist aber zu vermuten, daß diese Gründe vielfach vorgeschoben sind. In Wirklichkeit püriert man, weil die Verabreichung pürierter Speisen schneller geht und es für die Pflegekräfte „bequemer" ist.

Das Essen in normaler Konsistenz zu sich zu nehmen, ist jedoch gerade im Alter besonders wichtig. Durch den Kauvorgang werden die Nahrungsmittel nicht nur im Mund zerkleinert, sondern vor allem mit den im Speichel enthaltenen kohlenhydratspaltenden Enzymen angereichert. Dieses führt zu einer besseren Verwertung der Nährstoffe und einer besseren Verdauung.

Der Kauvorgang verhindert des weiteren eine Atrophie der Gesichts- und Wangenmuskulatur, ein Einfallen der Wangen. Es ist gleichsam ein Training zur Erhaltung der Gesichtsvitalität.

Da im Alten- und Pflegeheim auch Bewohner leben, die körperlich sehr schwach bzw. akut krank sind, die erhebliche Kau- und Schluckbeschwerden oder Entzündungen im Mund- und Rachenbereich haben, ist es z. T. unerläßlich, diesen Bewohnern ihre Speisen in einer Form anzubieten, die ihnen die Nahrungsaufnahme erleichtert oder überhaupt ermöglicht. Eine Form der Anpassung der Nahrungskonsistenz an die vorhandenen Restfähigkeiten besteht darin, einen Gemüseflan, einen Leberpudding, eine Fischwurst oder einen Schinkenauflauf begleitet von einer schönen Soße anzubieten – ganz nach dem Vorbild der hohen Gastronomie. Eine andere Möglichkeit ist, die frischgekochten Menükomponenten mit dem Mixer oder dem Fleischwolf zu pürieren und so auf einem

Teller anzurichten, daß sie als Einzelkomponenten erkennbar bleiben. Auf keinen Fall sollte die Notwendigkeit, pürierte Kost zu sich zu nehmen, dazu führen, daß die Küche dies als gute Gelegenheit sieht, hier ihre „Reste“ zu verwerten.

Eine allgemein gültige Abgrenzung zu treffen, wann Bewohner ihre Speisen in normaler Konsistenz und wann in pürierter Form erhalten sollten, ist nicht zu treffen. Es handelt sich um eine Ermessensentscheidung der Küchen- und Pflegeverantwortlichen. Hierbei sollten die unerwünschten Nebenwirkungen (fehlendes Kautraining, geringere Selbständigkeit, geringeres Selbstwertgefühl, verstärkte Pflegeabhängigkeit usw.) mitbedacht werden. Die Entscheidung, einem Bewohner pürierte Kost anzubieten, muß aber in regelmäßigen Abständen überprüft werden, um eine unreflektierte Dauerpürierung zu vermeiden. Auf jeden Fall ist zu verhindern, daß die Speisen vorschnell oder aus Gründen einer eventuellen Zeitersparnis püriert werden.

Gewürfelte Kost und vorbereitete Brote

Bewohnern, die in ihren manuell-motorischen Fähigkeiten durch Poly-Arthritis, Gicht, Lähmungen o. a. beeinträchtigt sind, sollten ihre Speisen in einer Form erhalten, die ihnen eine möglichst selbständige Nahrungsaufnahme ermöglicht. Hier kann die Küche unterstützend hilfreich sein, in dem sie vor allem das Fleisch würfelt. Um die Ästhetik der Speisen zu erhalten, sollte das gewürfelte Fleisch möglichst in seiner ursprünglichen Form auf dem Teller präsentiert werden. Auch hier gilt, wie bereits vorhin erwähnt, daß keine Reste oder Anschnitte (Kauprobleme) verwendet werden sollten.

In diesem Zusammenhang ist auch auf das Problem der im voraus „geschmierten“ und gewürfelten Brote hinzuweisen. Dieses „Serviceangebot“ sollte nur denjenigen Bewohnern vorbehalten bleiben, die tatsächlich aufgrund ihrer motorischen Einschränkungen nicht mehr in der Lage sind, ihre Brote selbständig zuzubereiten.

Leider wird auch hier allzu häufig versäumt das „Broteschmieren“ als Training vorhandener motorischer Rest-Fähigkeiten zu sehen. Hier sollten auch verstärkt Hilfsmittel aus dem Bereich der funktionellen Ergotherapie genutzt werden. Ein solches natürliches, tägliches Training, daß nicht zuletzt auch mit Lust auf das nachfolgende Essen verbunden ist, erspart vielfach lustlose, kostenintensive und künstliche Beschäftigungprogramme.

Schon- und Diabetiker-Kost

Die Küche im Alten- und Pflegeheim trägt die Angebotsverantwortung für die Ernährung der Bewohner. Sie trägt aber nicht die Speiseverantwortung, die trägt der Bewohner selbst, d. h. der Bewohner entscheidet darüber, was und wieviel er wo ißt. Dieser Aspekt der geteilten Verantwortung ist gleichsam eine Art Selbstverpflichtung der Küche, die Heimbewohner über die optimalste Form ihrer Ernährung zu informieren und zu beraten; sie aber nicht zu ihrem „Ernährungs-Glück" zwingen zu wollen.

Orientiert an einer vielseitigen und abwechslungsreichen Kost für die Heimbewohner – wie oben beschrieben –, werden die Speisen für Diabetiker und Schonköstler entsprechend angepaßt. Diese Vorgehensweise birgt den Vorteil, daß sich die Diabetiker und Schonköstler nicht, wie so oft, benachteiligt, gekränkt und bestraft fühlen.

Enterale Ernährung

Wenn in einem Alten- und Pflegeheim Bewohner leben, die sich nicht mehr oral ernähren können, sondern künstlich ernährt werden müssen, dann verliert die Küche für diesen Personenkreis ihre Ernährungszuständigkeit. Diese liegt dann in den Händen von Ärzten bzw. Pflegekräften.

Die Speiseplangestaltung

Die Speiseplanung ist ein zentrales Instrument zur Steuerung der Verpflegung und Ernährung im Heim. Die Speiseplanung ist immer ein Kompromiß zwischen den ernährungsphysiologischen Grundsätzen, den Ernährungsbedürfnissen der Bewohner, den institutionellen Rahmenbedingungen und den wirtschaftlichen Vorgaben. Aus diesem Umstand leitet sich ab, daß es keine allgemeingültigen oder allgemeinverbindlichen Speisepläne geben kann. Jede Speiseplanung ist individuell auf die Bedürfnisse der Bewohner und die jeweiligen Bedingungen einer Einrichtung abzustimmen.

In der Umsetzung des Konzeptes „Eßkultur im Heim" sind folgende Grundsätze zu beachten:

1. *Die Essenswünsche sind regelmäßig, direkt von den Bewohnern zu erfragen bzw. mit den Bewohnern zu besprechen. Eine monatliche Speiseplansitzung mit einem gewählten Ausschuß reicht kaum aus, um die tatsächlichen „Essens-Gelüste" der Bewohner in Erfahrung zu bringen. Wenn die Einbeziehung der Bewohner bei der Speiseplanung mehr als ein Alibi sein soll, dann ist es zwingend erforderlich, daß der Küchenchef bzw. ein Vertreter die Speiseplanbesprechung im Wohnbereich, d. h. auf den Etagen, in den Wohn- und Pflegegruppen, Pflegeabteilungen oder bei bettlägerigen Bewohnern auf dem Zimmer mit den dort wohnenden Bewohnern, abhält. Wenn eine Einrichtung über mehrere solcher Wohn- und/oder Pflegebereiche verfügt, dann entscheidet jeweils eine Gruppe bzw. Abteilung über den Speiseplan der nächsten Woche für die Gesamteinrichtung. Dadurch, daß die Besprechungen in allen Wohn- und Pflegebereichen abgehalten werden, ist eine relativ ausgeglichene Bedürfnis- und Interessenorientierung über die Gesamteinrichtung gegeben.*

2. *Die Speiseplanung sollte nicht zuletzt auch aus wirtschaftlichen Gründen wöchentlich erfolgen.*
   Eine längere Planungszeit birgt folgende Nachteile: Aktuelle Marktangebote können kaum genutzt werden, die Bewohner können sich kaum mehr an die von ihnen geäußerten Essenswünsche erinnern, die Identifikation der Bewohner mit dem Verpflegungsangebot ist kaum mehr gegeben und die Küche verliert an Flexibilität.

Gemeinsame Menüplanung auf der Etage

3. *Die Speiseplanung sollte die Planungen der gesamten Mahlzeiten eines Tages im Blick haben, um eine ausgewogene Ernährung über den Tag zu gewährleisten.*

4. *Die ernährungsphysiologischen Grundkenntnisse der heutigen Ernährungswissenschaft (Vollwerternährung) sind anzuwenden (siehe auch Ernährung und Gesundheit, Seite 18).*

5. *Bei der Speiseplanung ist einzuplanen, daß allen Bewohnern, auch den pflegebedürftigen und bettlägerigen Bewohnern zu jeder Mahlzeit Wahlmöglichkeiten angeboten werden.*
6. *In der Speiseplanung sind traditionelle Gerichte ebenso zu berücksichtigen wie neue Menükompositionen und die Vollwertkost.*
7. *In jeder Woche sollte mindestens ein Gericht auf dem Speiseplan sein, das noch nie in dem Heim gekocht wurde.*
8. *Bei der Speiseplanung sind auch die besonderen Fähigkeiten und Vorlieben der Mitarbeiter in der Küche (z. B. Kenntnisse heimatlicher Gerichte bei ausländischen Mitarbeitern) so zu berücksichtigen, daß sie Erfolgserlebnisse haben können.*
9. *Die Speiseplanung ist sehr genau und detailliert zu erstellen, da diese gleichzeitig die Arbeitsgrundlage der Mitarbeiter in der Küche ist. Aus der Speiseplanung ergibt sich quasi automatisch die Ablauforganisation innerhalb der Küche.*
10. *Für die Zubereitung der Lebensmittel sind schonende Zubereitungsarten zu wählen.*
11. *Es sollten überwiegend Frischprodukte verwendet werden.*
12. *Die Fleischarten sind in Gattung und Zubereitung abwechselnd anzubieten. Pro Woche sollte höchstens einmal gepökeltes Fleisch auf dem Speiseplan stehen.*
13. *In der Woche sollte mindestens ein Tag fleischlos sein (z. B. Fischgerichte am Freitag, Eierspeisen, Tofu, Soja, Käsegerichte, Gemüseschnitzel u. a. m.).*
14. *Mindestens einmal am Tag ist gekochtes Gemüse anzubieten.*
15. *Zur täglichen Verpflegung ist Rohkost – möglichst zur Wahl – unabdingbar.*
16. *Der Speiseplan mit allen Hauptmahlzeiten ist den Bewohnern bekannt zu machen. Er sollte mehr als eine Routine-Information sein. Der an exponierten und gut frequentierten Stellen ausgehängte Speiseplan sollte statt dessen kreativ, phantasievoll, anregend, farbig und in großer und gut lesbarer Schrift gestaltet sein.*

Die Speiseverteilung

Die grundsätzliche Anforderung an die Speiseverteilung ist, eine Lösung für den Weg von der Speisefertigstellung bis zum Verzehr zu konzipieren. In diesem Teilkonzept müssen die organisatorischen und wirtschaftlichen Bedingungen einer Einrichtung genauso bedacht werden wie die sozialen Ziele.

Zu den organisatorisch wichtigsten Bedingungen zählen:

- die Größe der Einrichtung,
- die Lage der Küche bzw. die Entfernung zwischen Küche und Speiseraum,
- die Mobilität der Heimbewohner,
- das Speise- und Getränkeangebot,
- die Wahlmöglichkeiten des Speiseangebotes,
- das vorhandene Verteilungssystem,
- die Personalausstattung,
- die Zuständigkeitsabgrenzung zwischen dem Küchen- und Pflegebereich,
- die Hygienevorschriften u. a.

Zu den wirtschaftlich wichtigsten Bedingungen zählen:

- der Personal- und Zeitaufwand für die Speise verteilung,
- die Küchen- und Speiseraumausstattung,
- der Geräte- und Geschirraufwand,
- der Lebensmittelaufwand u. a.

Zu den sozial wichtigsten Aspekten zählen:

- die Beziehung/Vertrautheit zwischen Bewohner und Küche,
- die Wertschätzung, die dem Bewohner entgegengebracht werden soll,
- die Aktivierung und Selbstbestätigung der Bewohner,
- die Unmittelbarkeit der Rückmeldungen über das Essen,
- die Informationen über Essenswünsche,
- der Kontakt zwischen Küche und Pflegebereich u. a.

Die Auflistung dieser vielfältigen Bedingungen und Aspekte, die bei der Konzeptionierung eines Speiseverteilungssystems zu berücksichtigen sind, zeigen, daß auch hier keine allgemeingültigen

„Vorschriften“ gelten können. Entscheidend ist, daß sich das Konzept der Speiseverteilung an der Philosophie der Küche und den jeweiligen Zielsetzungen orientiert.

Hinsichtlich der Umsetzung des Konzeptes „Eßkultur im Heim“ sind folgende Grundsätze in den Enscheidungsprozeß eines Speiseverteilungssystems einzubeziehen:

1. *Die Zuständigkeit und Verantwortung für die Speiseverteilung obliegt der Küche im Heim; auch im Pflegebereich bleibt diese Zuständigkeit erhalten. Sie findet dort ihre Grenze, wo die Bewohner Hilfe und Unterstützung bei der Essenseinnahme benötigen.*

2. *Die Selbständigkeit der Bewohner sollte durch das Verteilungssystem so weit wie möglich gefördert und unter stützt werden.*

3. *Für die Bewohner sollten Möglichkeiten zur Auswahl von Speisen bestehen.*

4. *Für die Bewohner sollten auf freiwilliger Basis Mitwirkungsmöglichkeiten geschaffen werden, z. B. Hol- und Bringdienste.*

5. *Die Speiseverteilung sollte als Instrument zum Aufbau von Kommunikation und Vertrauen zu den Bewohnern verstanden werden.*

6. *Während den Hauptmahlzeiten sollte den Bewohnern genügend Zeit für eine ruhige Essenseinnahme in angenehmer Atmosphäre eingeräumt werden.*

7. *Die Speisen und auch die Warmgetränke sollten heiß serviert werden.*

8. *Die Speiseverteilung sollte gut organisiert, d. h. ohne Leerlauf seitens der Mitarbeiter, sein.*

9. *Der Service sollte ruhig, zügig und ohne Lärmbelästigung durch Geschirr, Geschirrwagen etc. ablaufen.*

Bei der Konzeptionierung des Speiseverteilungssystems sollte auch auf die Wirtschaftlichkeit geachtet werden. Hierbei ist zwischen den kurzfristigen und langfristigen Wirkungen zu unterscheiden. Kurzfristig kann ein Karten-/Tablettsystem wirtschaftlich günstig erscheinen. Hierbei entfallen jedoch die sozial–kommunikativen „Nebenwirkungen“, was zu einer verminderten Lebensqualität und damit langfristig zu einer zunehmenden Hilfebedürftigkeit führen kann. Die zunehmende Hilfebedürftigkeit verursacht ihrerseits höhere Kosten, die dann aufgebracht werden müssen. Anders ausgedrückt: Ein scheinbar kostenintensiveres Speiseverteilungssystem wie z. B. ein kombiniertes Buffet- und Vorlegesystem fördert die soziale Kompetenz und damit die Lebensqualität der Bewohner und verringert die Wahrscheinlichkeit einer vorzeitigen Hilfebedürftigkeit.

Der Speiseraum als Eßkulturraum

In vielen Alten- und Pflegeheimen gehört der Speiseraum zu den am wenigsten genutzen Räumen. Einen so großen Raum die meiste Zeit des Tages über ungenutzt zu lassen, ist kaum – auch unter wirtschaftlichen Gesichtspunkten – zu vertreten. Ein häufig anzureffendes “Anstaltsrelikt“ ist, daß der Raum nur zu bestimmten Essenszeiten geöffnet wird. Wenig einladend wirkt es ebenfalls, wenn kurz nach dem Mittagessen bereits die Tische für das Abendbrot gedeckt werden. Moderne Bahnhofsrestaurants sind vielfach einladender als mancher „Sättigungssaal“ im Heim – man ist schon satt, wenn man reinkommt.

Demgegenüber ist der Speiseraum im Rahmen des Konzeptes „Eßkultur im Heim“ ein Ort der Begegnung, ein Ort des Essens, ein Ort der Sinne. Er ist ein Ort, in dem gelebt wird – Kultur gelebt wird – ein Eßkulturraum.

Der Eßkulturraum ist mit Bildern, Pflanzen, Mobiliar, Licht und Nischen so zu gestalten, daß er die Gesprächs-, Begegnungs- und Sinneskultur der Bewohner fördert. Die einladende Gemütlichkeit des Raumes regt vorübergehende Bewohner und auch Gäste der Bewohner zum gemeinsamen Plausch an. Wenn die Küche unmittelbar an den Eßkulturraum angrenzt, sollte die Küchentür durchaus mal geöffnet bleiben, damit die Gerüche des Bratens eine stimulierende Geruchswolke verströmen.

Die Wände werden als Ausstellungsfläche von regional tätigen Künstlern oder Schülern genutzt. Wechselnde Ausstellungen gerade auch moderner Kunst wirken nicht selten provokativ und diskussionsstimulierend. Die hier erzielte Aufregung bringt nicht nur andere Gesprächsthemen in den Heimalltag, sondern kann durchaus auch kreislauffördernd wirken.

Die Information

Neben Planung, Kochen und Service ist die Information die vierte Säule des Konzeptes „Eßkultur im Heim". Auf vielen Ebenen ist die Information eine zentrale Voraussetzung zur Umsetzung dieses ganzheitlich-bewohnerorientierten Konzeptes.

Wenn Mitarbeiter in der Küche das Konzept „Eßkultur im Heim" nicht kennen, d. h. nicht über die Ziele und Anliegen dieses Verpflegungsansatzes informiert sind, können sie an ihrer Umsetzung auch nicht angemessen mitwirken. Die Information der Mitarbeiter z. B. durch regelmäßige Teambesprechungen, im Rahmen innerbetrieblicher Fortbildung oder auch durch Nutzung externer Fortbildungsangebote ist eine wichtige Voraussetzung, um zielorientiert die Eßkultur zu verwirklichen.

Die Küche als Teil einer Gesamteinrichtung ist in vielfältigste Informations- und Kooperationszusammenhänge eingebunden. Es liegt in der Zuständigkeit und Verantwortung der Küche, die anderen Arbeits- und Funktionsbereiche über ihre Anliegen und Ziele zu informieren. Erst wenn sich die Mitarbeiter der anderen Funktionsbereiche informiert fühlen, können sie zu Verbündeten und Mitträgern einer sich entfaltenden Eßkultur im Heim werden. Ein die Eßkultur unterstützendes Klima in der Gesamteinrichtung erleichtert mit Sicherheit ihre Umsetzung und weckt kreative Energien zu ihrer Weiterentwicklung. Die Unterstützung durch andere Arbeits- und Funktionsbereiche einschließlich der Heimleitung ist jedoch keine zwingende Voraussetzung, um erste Ansätze dieses Konzeptes praktisch umsetzen zu können.

Möglichst vom ersten Tage an sollte der Bewohner darüber informiert sein, was die Heimküche anbieten kann, welche Erwartungen die Heimküche an die Bewohner hegt und welche Möglichkeiten er selbst hat, Einfluß auf die Küche zu nehmen. Der Bewohner sollte wirklich von Anfang an informiert sein, daß er für sich, seine Gesundheit und seine Ernährung verantwortlich bleibt. Es ist eine weitere Aufgabe der Küche, die Bewohner nicht nur zu Beginn ihres Heimaufenthaltes, sondern sehr kontinuierlich über Vorhaben, Entwicklungen, Grenzen und Möglichkeiten der Küche zu informieren. Hierzu zählen auch die Aufgaben der Ernährungs- und Diätberatung und der Produktinformation. Gerade im Hinblick auf die körperlich und geistig pflegebedürftigen Bewohner sind hier Informationsmethoden zu nutzen, die mit Sinneswahrnehmungen (hören, sehen, schmecken, riechen) verbunden sind (siehe auch Projekt „Informationsapéro“, Seite 66).

Aus der Sicht der Küche sind Heime keine Ghettos, keine geschlossenen Gesellschaften, sie sind eingebunden in ein sie umgebendes Gemeinwesen. Auch wenn die Küche überwiegend nach innen, d. h. bezogen auf die Bewohner arbeitet, sieht sie doch auch, wie wichtig das soziale Umfeld für die Bewohner ist. Die Information der Menschen in der näheren Umgebung des Heimes über die Möglichkeiten, die sich im Konzept „Eßkultur im Heim“ auch für sie ergeben, ist eine weitere Informationsaufgabe der Küche. (siehe auch „Gemeinwesenorientierte Projekte“, Seite 79).

Eßkultur im Tagesablauf

Eßkultur im Heim zielt darauf, die ernährungs-physiologischen, sozial-gerontologischen und sozial-psychologischen Grundlagen mit den Arbeitsmitteln der Küche so zu verbinden, daß die Bewohner von Alten- und Pflegeheimen mehr Lebensqualität erfahren können. Wie diese verschiedenen Aspekte praktisch zusammengeführt werden können, soll im folgenden am Beispiel eines Tagesablaufs geschildert werden. Bei der Planung dieses Tagesablaufs wurde besonders darauf geachtet, den Bewohnern einen großen Freiraum einzuräumen und ihnen somit Möglichkeiten zur Erhaltung ihrer Selbständigkeit zu eröffnen. Dieser Tagesablauf orientiert sich an Bewohnern, die ihr Essen im Eßkulturraum einnehmen können. Dies sollten nach Möglichkeit alle Bewohner sein. Bewohner die (vorübergehend) bettlägerig sind, erhalten die gleichen Speisen und vergleichbare Wahlmöglichkeiten analog zum Buffet.

Die hier vorgeschlagene Speiseabfolge basiert auf einer allgemeinen Schonkost. Spezielle Diäten werden aus diesem Speiseangebot abgeleitet.

Und so sollte die Eßkultur im Tagesablauf aussehen:

Frühstück

Tägliches Standardangebot:
verschiedene Brotsorten, Butter, Margarine, Säfte, Konfitüre, Käse, Joghurt etc.
Getränke: Kaffee, Milch, Tee etc.

Täglich wechselnde Ergänzungen:
3-Minuten-Ei, Haferbrei (Milchsuppe, Porridge), Joghurt, Mini-Müsli, Fit-Müsli, Käsli, Früchtecocktail, Saft (Jus) oder Rösti

Sonntagsangebot:
Gipfeli (Croissants), Weggli (Brötchen), Zopf
Für das Frühstück bietet sich folgendes Service-System an:
Buffet mit Selbstbedienung,
Getränke werden vom Mitarbeiter an den Tisch gebracht.

Begründung:
Da das Buffet über einen längeren Zeitraum zur Verfügung steht, hat der Bewohner einen größeren Freiraum in seiner persönlichen Tagesgestaltung. Er kann sich selbst bedienen. Er kann nach seinem momentanen Appetit auswählen und fühlt sich dadurch in seiner Selbständigkeit bestätigt.

Durch das Servieren der Getränke erfährt er von den Mitarbeitern Beachtung und Zuwendung. Diese haben somit auch die Möglichkeit, sich über das aktuelle Befinden des Bewohners einen Eindruck zu verschaffen.

Zwischenverpflegung

Angebot:
Joghurt, Früchte, Milchdrinks, Kefir, Quark
Frappé, Bouillon, Saft (Jus)

Service-System:
Selbstbedienung (Früchtekorb)

Begründung:
Die Selbstbedienung fördert und unterstützt die Selbständigkeit und -verantwortung des Heimbewohners. Getränke wie Milchdrinks, Frappes sind eine Abwechslung anstelle von Tee – und zudem ein wertvoller Eiweisspender.

Um die Bewohner zum ausreichenden Trinken zu animieren, ist eine gemeinsame Zwischenverpflegung mit Informationen, Singen, Vorlesen etc. eine willkommene Auflockerung. Der Küchenchef hat vielleicht auch noch Zeit, etwas über den Speiseplan oder eine geplante Aktion aus der Küche zu berichten.

Mittagessen

Angebot:
Salatbuffet (siehe auch „Projekte", Seite 70)

Suppe:
Cremesuppen, klare Gemüsesuppen, passierte Gemüsesuppen, regional bekannte Suppen – die Grundzubereitung sollte wechseln

Hauptgericht:
Fleisch, Fisch, Eierspeise oder Tofu/Yasoja
In Gattung und Zubereitung sollten die verschiedenen Fleischarten abgewechselt werden. Gepökeltes Fleisch sollte nur einmal die Woche gereicht werden. Einmal pro Woche sollte auch ein fleischloses Hauptgericht angeboten werden. Traditionell bietet sich hier der Freitag an.

Beilagen:
wechselnd,
bei Teigwaren und Reis sollten auch Vollwertprodukte einbezogen werden. Hier können des weiteren auch Beilagen wie Gerste, Grieß, Mais, Hirse, Buchweizen etc. berücksichtigt werden.

Gemüse:
Auf Konserven und Tiefkühlkost sollte weitgehend verzichtet werden. Täglich sollte ein Gemüse der Saison angeboten werden. Während einer Saison kann ein gleiches Gemüse auch zweimal in einer Woche angeboten werden, wobei die

→

Zubereitungsart gewechselt werden sollte (z. B. bei Bohnen). Das Gemüse ist so zu verarbeiten, daß es den Kaumöglichkeiten der Bewohner gerecht wird, aber nicht zerkocht ist. Unter Berücksichtigung der Gewohnheiten der Bewohner ist auch ein Gemüse mit weißer Soße in den Speiseplan aufzunehmen – aber nicht zu oft.

Getränke:
Mineralwasser

Dessert:
Das Dessert ist als Krönung des Essens zu verstehen. An Geburtstagen sollte das „Geburtstagskind" ein Dessert für alle Mitbewohner des Hauses bzw. der Wohn- und Pflegegruppe auswählen können.

Obst im Früchtekorb steht täglich zur Verfügung.
Kaffee auf Wunsch

Service-System:
Der Salat ist als Buffet anzubieten.
Die Suppe wird in Schüsseln auf den Tisch gereicht. Jeder kann sich selbst nehmen oder sich vom Tischnachbarn helfen lassen.
Das Hauptgericht und die Beilagen werden von den Mitarbeitern der Küche, der Hauswirtschaft, der Pflege und der Heimleitung am Tisch vorgelegt.
Das Dessert wird in der Regel als Buffet angeboten.

Begründung:
Das Salatbuffet ermöglicht dem Bewohner, ein weiteres Mal einen Teil seiner Mahlzeit selbst zu wählen (Training und Stärkung der Selbstverantwortlichkeit). Der rüstigere Bewohner hat auch die Möglichkeit, anderen, weniger mobilen Heimbewohnern zu helfen, einen individuellen Salatteller herzurichten.

Die Suppe in einer Schüssel am Tisch anzubieten, erinnert an den traditionellen Familientisch. Dies fördert das soziale Verhalten innerhalb der Tischgemeinschaft.

Eine sehr individuelle Art, die Gäste zu bewirten, ist das Vorlegen des Hauptgerichts. Jeder kann die ihm passenden Komponenten des Gerichtes selbst wählen und wird bedient. Wenn jemand noch Hunger oder Lust hat, kann er sich beim Service noch etwas nachreichen lassen. Diese Serviceform fördert den Kontakt zwischen Bewohnern und Mitarbeitern. Es gibt den Bewohnern die Möglichkeit, Kritik und Lob direkt zu äußern.

Dieses Service-System führt zu einer natürlichen Verlängerung der mittäglichen Essenszeit.

Zwischenmahlzeit

Die Zwischenmahlzeit wird ähnlich wie am Morgen angeboten.

Abendessen

Angebot:
Es wäre zu wünschen, das traditionelle Abendessen (café complet) nur einmal wöchentlich anzubieten.
Es sollte zwischen warmen und kalten, süßen und gesalzenen Abendgerichten – möglichst begleitet von Salaten – gewechselt werden.

Getränke nach Wahl:
Milchkaffee, Tee.

Service-System:
Plattenservice mit Bedienung, Buffet, Teller- oder Wagenservice.

Begründung:
Das Abendessen soll leicht und bekömmlich sein und die vorangegangenen Mahlzeiten ergänzen. Die Servierform wechselt, damit immer wieder eine persönliche Atmosphäre entsteht. Das Abendessen sollte den Abschluß des Tages einleiten und von daher nicht bereits am (Spät-) Nachmittag gereicht werden.

Nachtverpflegung

Der Früchtekorb, Tee wie auch verschiedene Brotsorten werden auch hier wieder als Selbstbedienung angeboten.

Begründung:
Es entsteht eine gemütliche Atmosphäre, wenn noch am späteren Abend, z. B. nach einem Fernsehfilm oder einem Spiel, etwas zum Essen vorhanden ist. Darüber hinaus verkürzt ein kleiner Nachthappen die Zeit zwischen Abendessen und Frühstück.
Dieser Tagesablauf läßt deutlich werden, was es für die Praxis heißt, daß die Heimküche die Möglichkeit hat, die Bewohner nicht vorrangig von der „Beeinträchtigungsseite", sondern vor allem von der Lust und Erlebnisseite her anzusehen. Die Notwendigkeit zu essen ergibt sich nicht aufgrund der Situation, in einem Heim zu leben. Und wie bereits dargestellt, ist Essen vielmehr als die Befriedigung eines physiologischen Grundbedürfnisses. Gerade im Heim gewinnen die sozialen, ästhetischen und atmosphärischen Rahmenbedingungen des Essens eine übergeordnete Bedeutung. Die Erlebnis- und Erfahrungsdimension des Essens in den Mittelpunkt der Küchenarbeit zu stellen, ist das Hauptanliegen des Konzeptes „Eßkultur im Heim".

Eßkultur im Heim

Projekte

Projekte zur Eßkultur im Heim

Die Umsetzung des Konzeptes „Eßkultur im Heim“ erfolgt zum einen in der tagtäglichen Gestaltung von Eßerlebnissen und zum anderen durch gezielt eingesetzte und sorgsam vorbereitete Projekte. Sie versuchen durch sozial-sinnliche Höhepunkte, die Lebensqualität der Bewohner zu verbessern. In den nachfolgenden Projektvorstellungen wird zwischen Projekten, die sich ausschließlich auf die Bewohner beziehen (Bewohnerbezogene Projekte) und solchen, die sich darüber hinaus an dem Gemeinwesen orientieren und Menschen aus dem Umfeld des Heimes zusätzlich ansprechen (Gemeinwesenorientierte Projekte), unterschieden.

Bewohnerbezogene Projekte

1. Informationsapéro

Ziel:
Mit dem Informationsapéro soll erreicht werden, daß die Bewohner :

- über anstehende Projekte informiert sind,
- motiviert werden, sich einzubringen und mitzugestalten,
- sich mit dem Haus identifizieren.

Entstehungsgeschichte:
Das Informationsapéro entstand aus der Frage, wie Heimbewohner für neue Projekte interessiert werden könnten. Die Erfahrung zeigte, daß es die Bewohner häufig überforderte, sich für ein neues „Projekt“ unmittelbar, gleichsam überraschend, begeistern zu können. Mit dem Informationsapéro wurde nun ein Versuch gestartet, die Bewohner vorzeitig zu informieren und ihnen einen Vorgeschmack auf das neue Vorhaben durch Eindrücke zu vermitteln.

Begründung:
Bewohner müssen auf neue Vorhaben vorbereitet , über neue Projekte informiert werden; sie müssen neugierig werden auf das, was kommen soll, was geplant ist. Es gilt somit ein Forum zu schaffen, das über den üblichen Rahmen einer Informationsveranstaltung, einer Besprechung oder einer schriftlichen Information in der Heimzeitung hinausgeht. Hierbei gilt es, die spezifischen Möglichkeiten der Heimküche kreativ zu nutzen.

Maßnahme:
Das Informationsapéro stellt den Rahmen zur Vorstellung und Diskussion neuer Gerichte und zukünftiger Vorhaben, wie z. B. Spezialitätenwochen, zur Verfügung. So war es z. B. geplant, eine „Italienische Woche" durchzuführen. Die Bewohner wurden zum Informationsapéro eingeladen. Hier wurde ihnen ein Glas italienischer Rotwein und Minipizzen angeboten. An einem Stand wurden „Heiße Maroni" geröstet. Von allem konnten die Bewohner kosten. Dies löste lebhafte Gespräche, Nachfragen und Anregungen für die kommende Spezialitätenwoche aus. Eine Reihe von Bewohner-Ideen wurde dann auch vom Küchenchef für die italienische Woche aufgegriffen. U. a. kam ein Heimbewohner auf die Idee, den Mitbewohnern seine Dias über eine Studienreise nach Florenz zu zeigen.

Ein anderer Anlaß für ein Informationsapéro war, die Bewohner eingehender über das Grundnahrungsmittel „Brot" zu informieren. Es wurde ein Stand mit verschiedenen Getreide- und Brotsorten aufgebaut. An einem anderen Stand war ein Hefeteig vorbereitet und die Bewohner wurden aufgefordert, aus diesem Teig ein Hefeteiggebäck zu formen. Dies wurde mit dem Namen des Heimbewohners versehen. Nach dem Informationsapéro wurde es ihm frisch gebacken überreicht. In lebendigen Kurzreferaten informierten dann verschiedene Küchenmitarbeiter über Säen und Ernten von Getreide, über verschiedene Teigarten, über den Nährwert von Getreide und über verschiedene regionale Brotsorten. Des weiteren fand noch ein Quiz zum Thema „Getreide und Brot" statt.

Auswirkungen:
Insgesamt lösten die Informationsapéros innerhalb der Bewohnerschaft große Zustimmung für neue Vorhaben oder auch neue Gerichte aus. Das Interesse und auch die Bereitschaft, sich auf etwas neues einzulassen, steigerte sich merklich. Gerade Informationen in Verbindung mit Erleben und Probieren erhöhten die Motivation deutlich. Auch die Möglichkeit, eigene Ideen einbringen zu können, förderte die Identifikation mit dem „Neuen". Die teilnehmenden Bewohner wurden somit zu Multiplikatoren. Sie informierten diejenigen, die nicht am Informationsapéro teilnehmen konnten. So wurde das neue Vorhaben zu einem wichtigen Gesprächsthema im gesamten Heim.

Hinweise zur Planung:
Ein Informationsapéro sollte mindestens 14 Tage vor dem eigentlichen Vorhaben durchgeführt werden und nicht länger als 60 Minuten dauern. Eine gelockerte Sitzordnung erhöht den informellen Charakter dieser Veranstaltung. Stände, Ausstellungsprodukte, Getränke und Probierhäppchen sind rechtzeitig zu Beginn der Veranstaltung fertigzustellen. Die Informationen sollten in kurzer, prägnanter und lebendiger Form eventuell auch durch verschiedene „Redner" gegeben werden. Wichtig ist insbesondere, neben der Sachinformation einen erlebnisreichen Vorgeschmack zu vermitteln.

2. Früchtekorb

Ziel:
Der Früchtekorb soll den Bewohnern

- die Sicherheit geben, sich jederzeit eine gesunde Kleinigkeit holen zu können,
- eine Möglichkeit geben, sich selbst bedienen zu können,
- eine Gelegenheit geben, sich für etwas zu entscheiden und
- die Verantwortung für die Zwischenmahlzeit übertragen.

Entstehungsgeschichte:
Die Zeiten zwischen den einzelnen Mahlzeiten sind zum Teil zu lang. Viele Bewohner wünschen sich eine Kleinigkeit für zwischendurch und wollen das Gefühl „etwas im Haus zu haben" befriedigen. Deshalb nehmen Bewohner immer mal wieder etwas aus dem Speiseraum mit auf ihr Zimmer, was dann nicht selten von den Mitarbeitern in einem fast ungenießbaren Zustand gefunden wird.
Um diesen verschiedenen Wünschen und Problemen zu begegnen, wurde die Idee eines ständig zur Verfügung stehenden Früchtekorbs geboren.

Begründung:
Eine kleine, gesunde und erfrischende Zwischenmahlzeit ergänzt den täglichen Speiseplan. Auf sehr individuelle Weise kann sich der Bewohner jederzeit an einem allen zugänglichen Ort bedienen. Diese Möglichkeit stärkt sein Bewußtsein, für sich selbst sorgen zu können.

Maßnahme:
Der Früchtekorb steht im jederzeit offenen Speiseraum und enthält eine Auswahl verschiedenster frischer Früchte der Saison. Neben dem Früchtekorb stehen des weiteren Joghurt, Quarkspeisen und Getränke.

Auswirkungen:
Das ständige Angebot eines Früchtekorbs wurde insgesamt von allen Bewohnern begrüßt. Zu Beginn konnten sie nicht glauben, daß der Früchtekorb tatsächlich jeden Tag zur Verfügung stehen würde. Von daher horteten sie zu Beginn erstmal mehr als vorher. Nach einigen Wochen ließ diese Sammelaktivität jedoch spürbar nach, weil sie erkannten, daß es besser ist, sich täglich frisches Obst zu nehmen, anstatt das Obst im eigenen Zimmer „verschimmeln" zu lassen. Dennoch, einige wenige Bewohner können bis heute das Horten nicht lassen.

Von den Mitarbeitern wird dieses Angebot als große Entlastung erlebt, weil sie nun nicht mehr für die Bedienung einer Zwischenmahlzeit zuständig sind. Bis auf einige wenige Bewohner, die kurzfristig bettlägerig sind, bedienen sich alle Bewohner selbst bzw. lassen sich durch Mitbewohner etwas mitbringen.

Hinweise zur Planung:
Das Angebot eines Früchtekorbs sollte mit den Bewohnern im voraus besprochen bzw. ihnen vorher erläutert werden. Die Auswahl der Früchte und die Präsentation des Früchtekorbs sollte so attraktiv wie möglich sein – der Früchtekorb sollte ein Blickfang im Speiseraum werden.

Für die Mitarbeiter in der Küche ist darauf zu achten, daß der Früchtekorb mehrmals täglich „aufgefüllt" wird. Nur wenn der Bewohner tatsächlich die Erfahrung macht, daß die Früchte immer reichlich in Auswahl und Anzahl vorhanden sind, wird er in zunehmendem Maße darauf verzichten, Obst in seinem Zimmer zu horten.

In der Phase kurz nach der Einführung des Früchtekorbs sollten die Bewohner des öfteren daran erinnert werden, sich etwas mitzunehmen.

3. Salatbuffet

Ziel:

Mit dem Salatbuffet soll erreicht werden, daß die Bewohner täglich:

- aktiviert werden,
- Entscheidungen und Denken trainieren,
- sich gegenseitig unterstützen,
- gesunde Ernährung erhalten,
- zum Essen animiert werden.

Begründung:

In vielen Heimen besteht die Gefahr, daß die Bewohner überversorgt, entmündigt und zur Verantwortungslosigkeit „erzogen" werden. Die Küche hat die Aufgabe, diesen Tendenzen mit ihren Mitteln entgegenzuwirken. Um die oben genannten Ziele zu erreichen, werden nicht besondere Gruppenangebote geschaffen, sondern natürliche Alltagssituationen genutzt. Das Salatbuffet bietet in hervorragender Weise Möglichkeiten, physiologische und soziale Ziele miteinander zu verbinden.

Entstehungsgeschichte:

Für jede gute Küche ist es selbstverständlich, zu einem guten Essen auch immer einen schönen, farbig zusammengestellten Salat anzubieten. Er muß frisch angemacht und schön ausgarniert sein. Der Salat wurde liebevoll in der Küche angerichtet und den Bewohnern fertig in einem Glasschüsselchen auf den Tisch gestellt. Doch trotz der ganzen Mühe blieben immer viele Reste. Dem einen oder anderen Heimbewohner schmeckte dieser oder jener Salat nicht.

Wir vereinbarten, im Küchenteam genauer darauf zu achten, welcher Bewohner welche Salate nicht mochte, keine Zwiebeln vertrug, wer lieber französische, italienische oder gar Quarksalatsauce bevorzugte. Wir dokumentierten dies und bereiteten die Salate nunmehr sehr individuell in der Küche zu. Diese Bemühungen änderten so gut wie nichts: Wir mußten weiterhin fast genau so viele Salate nach dem Essen entsorgen. Wir beratschlagten über diese enttäuschende Erfahrung und kamen zu dem Ergebnis, daß nicht die Salate, sondern die Angebotsform das Problem war. Wir kamen zu dem Ergebnis, den Heimbewohner unmittelbar entscheiden zu lassen. Ein Salatbuffet, war das die Lösung? Ein Salatbuffet

Ein reichhaltiges Angebot am Salatbuffet

mit Selbstbedienung für alte und behinderte Menschen, konnte das gut gehen?

Maßnahme:
Das zukünftige Salatbuffet wurde zum Diskussionsthema im Heim gemacht. Die Heimbewohner wurden umfassend über unsere Vorstellungen informiert und konnten Ihre Bedenken und Anregungen einbringen. Zwei Monate lang sollte ein Salatbuffet versuchsweise angeboten werden. Bei der Erstellung des Salatbuffets achteten wir darauf, durch eine Vielzahl unterschiedlicher Salate und Salatsaucen das Salatbuffet zu einer wirklichen Wahl- und Entscheidungssituation für die Bewohner werden zu lassen.

Salate:

Brunnenkresse · Brüsseler · Cicorino rosso · Endivien · Feldsalat · Grüne Bohnen · Gurken · Indianer Bohnen · Karotten · Cicorino verte · Löwenzahn · Lauch · Kartoffeln · Kohlarten · Kopf- und Schnittsalate · Kresse · Peperoni · Portulak · Randen (rote Bete) · Reis · Sellerie · Soissone Bohnen · Sojasprossen · Sweet Corn ·Tomaten · Zucchetti

Salatsaucen:

Französische · Italienische · Russische · Quark · Joghurt · Curry · Kräuter

Beilagen:

Zwiebeln fein geschnitten · Petersilie fein gehackt · Schnittlauch · Brot Croûtons · Sesam geröstet · Sonnenblumenkerne · Speckwürfel gebraten

Pfeffermühle · Salz · Essig und Öl

Das Salatbuffet wurde eine halbe Stunde vor der eigentlichen Essenszeit angeboten. Jeweils ein Mitarbeiter stand für die Bewohner für Information und zur Hilfestellung bereit. Es wurde sehr darauf geachtet, nur dann direkte Hilfe anzubieten, wenn sie unumgänglich war. Wichtiger war es, die Bewohner zur gegenseitigen Unterstützung zu animieren. Nach der Versuchsphase wurden die Erfahrungen mit dem Salatbuffet mit den Bewohnern und den Mitarbeitern der Küche, der Pflege und der Heimleitung diskutiert. Es wurde beschlossen, das Salatbuffet nunmehr täglich auf Dauer anzubieten.

Auswirkungen:
Das Salatbuffet wurde von der überwiegenden Zahl der Heimbewohner sehr begrüßt. Einige Heimbewohner wollten aber weiterhin bedient werden. Wir entwickelten die Idee, daß die Heimbewohner, die bedient werden wollten, sich ein Fähnchen nehmen konnten, um zu signalisieren: „Bitte, bedient mich". Ferner stellten wir noch einige angerichtete Salate auf das Buffet, so daß man sich zwar einen Salat am Buffet holen konnte, aber sich nicht völlig selbständig bedienen mußte. Im Laufe der Zeit gingen mehr und mehr der „ablehnenden" Bewohner dazu über, sich völlig selbständig

am Salatbuffet zu bedienen. So werden nunmehr alle Heimbewohner täglich durch das Salatbuffet aktiviert. Ihre motorischen und ihre kognitiven (denken und entscheiden) Fähigkeiten üben sie somit täglich. Durch die große Auswahl schön angerichteter und ausgarnierter Salate wird das Essen zu einem gesellschaftlichen Anlaß und einem lustbetonten Erlebnis. Die Selbstbedienung fördert, mehr Salat (Rohkost) zu essen, es bleiben kaum Reste, und die Sättigung ist schon zu einem großen Teil mit ballaststoff- und vitaminreicher Kost erreicht. Der Anteil der Nahrungsmittel (z. B. Fleisch), die im Alter eher schwerverdaulich sind, nimmt deutlich ab.

Hinweise zur Planung:
Bevor ein Salatbuffet angeboten wird, ist dieses Vorhaben eingehend mit den Bewohnern, den Mitarbeitern und der Leitung des Hauses zu diskutieren.
Bei der Einführung sollte eine zeitlich befristete Projektphase eingeplant werden (Mindestdauer: 2 Monate).

- das Salatbuffet muß sich an einem zentralen und gut erreichbaren Ort im Speiseraum befinden,
- das Salatbuffet muß von allen Seiten zugänglich sein,
- das Buffet muß eine halbe bis dreiviertel Stunde vor dem Mittagessen im Speiseraum aufgebaut sein, damit sich die Heimbewohner langsam und allmählich bedienen können,
- die Hygienebestimmungen müssen eingehalten werden,
- ein Mitarbeiter muß am Salatbuffet sein, um wirklich notwendige Hilfe zu geben und die Heimbewohner zur Selbstbedienung zu animieren,
- das Schöpfbesteck muß benutzerfreundlich sein,
- es müssen Wahlmöglichkeiten bestehen,
- die Salate, rohe und gekochte, müssen mundgerecht geschnitten sein,
- alle Salate müssen schön ausgarniert werden,
- beim Aufbau des Salatbuffets ist darauf zu achten, kalorienhaltige von weniger kalorienhaltigen Salaten gut sichtbar voneinander hinzustellen,
- das Salatbuffet muß durch verschiedene Salatsaucen (eine kalorienarme Salatsauce) bereichert werden,
- zum Salatbuffet gehören auch fein geschnittene Zwiebeln, Petersilie, Schnittlauch, geröstete Sonnenblumenkerne, geröstete Brotwürfel

u. v. a. m.

Auf frisches Brot sollte nicht verzichtet werden.
Nach Ablauf der Projektphase müssen die Erfahrungen mit allen Beteiligten ausgetauscht werden.

Es hat sich bewährt, das Thema Salatbuffet als Aktivierungsmöglichkeit immer wieder (alle 6 Monate) zu diskutieren.

4. Geburtstagsessen im Sternzeichen

Ziel:
Das Geburtstagsessen im Sternzeichen zielt darauf:

- die Geburtstagsgruppe heimübergreifend zu bilden,
- ein Gemeinschaftsgefühl zu vermitteln,
- Gespräche unter Bewohnern, die sich noch nicht oder nicht so gut kennen, zu ermöglichen,
- ein gemeinsames Fest in einer überschaubaren Gruppe zu feiern.

Begründung:
Die Frage, wie Geburtstage zu feiern sind, stellt sich immer wieder in allen Heimen. Das Problem ist, daß die Bewohner häufig an Geburtstagen durch Angehörigenbesuche hinreichend ausgelastet sind und daß Geburtstage zu unpersönlichen Ritualen verkommen, wenn sie vom Heim her individuell und an den tatsächlichen Geburtstagen begangen werden. Denn dann findet je nach Heimgröße fast an jedem Tag ein Geburtstag statt. Es galt also eine Form zu finden, die dem Wert und der Bedeutung des Geburtstages gerade im hohen Alter entspricht und die den Geburtstag nicht zum Streßtag werden läßt. Geburtstagsfeiern sind seit jeher gesellige Gemeinschaftsveranstaltungen. Was lag also näher, die Bewohner, die unter einem gleichen Sternzeichen geboren wurden, ihr Fest feiern zu lassen.

Lust und Zufriedenheit

Maßnahme:
Zur Vorbereitung der Geburtstagsfeier im Sternzeichen werden am ersten Montag des Monats alle Bewohner, die im nächsten Sternzeichen Geburtstag haben, zu einer Besprechung eingeladen. Auf dieser Besprechung wurde der Termin der Geburtstagsfeier vereinbart, das Menü vorbesprochen, die Tischdekoration, die sich am jeweiligen Sternzeichen orientiert, festgelegt. Die Be-

wohner wurden ermuntert, etwas Persönliches in das Fest einzubringen und ihrer Kreativität freien Lauf zu lassen. So schrieb beispielsweise ein 86jähriger Bewohner folgendes Gedicht für ein Geburtstagsessen im Sternzeichen des Krebs:

Ja – was soll man dazu alles sagen?
Etwa kritisch – ein vice-versa wagen?
mit kontroversem Spürsinn fragen:
stimmt das wirklich, was Prominente hier so sagen,
und krebsbezeichnend Menschen schildern
in feinfühlig schmeichelnd Bildern:
gütig, weichen Herzens, zuverlässig,
in Empfindsamkeit fast übermäßig,
Mutterliebe, eingebildet, Wassersport,
in Harmonie, vom Mond abhängig und sofort
zwar – wohlweislich klar im Kopf – zum Glück –
krebst das grause Tier stets „zurück“
nie Nase vorn und meidend bösen Trieb,
zeigt das Tier Vernunft – dem Frieden zulieb!
So machen all die noblen Attribute
– Gott sei Dank – die vielen Mitgeschwister niemals krank.
Auch darum bleibt der Krebs gepriesen:
sein rot Gebein – wird von Kennern – mit Genuß verspiesen!
Wir aber feierten „normal“ im Kreise
und freuten krebslos uns an einer Vielfaltspeise
die – verdankenswert – mit Hochgenuß verschwand
und 12 Krebs – frohgemut – zu „einem“ Krebs verband.
Ein herzlich dank den beiden Geistern,
die solche Feste stets mit Frohmut meistern.
Man schaut wie flott und schnell Herr Biedermann
aufmerksam und lächelnd – auch servieren kann!
Bemerkenswert wie auch Frau Schmid
als herzlich lachend interimes Bindeglied
die Geburtstagsparty fröhlich meistert
und alte Krebse zu Mitgefühl und Einigkeit begeistert.
So laßt den müden Krebs nun langsam weiter wandern,
er beißt nicht sich – sondern stets die andern!

Entsprechend den Absprachen wird dann das Geburtstagsfest gemeinsam gefeiert, meist im Rahmen eines Vier-Gang-Wahlmenüs. Wenn die Geburtstagsgruppe sich nicht auf einen Menüvorschlag verständigen kann, dann wird auch ein kaltes und warmes Buffet mit den Wahlgerichten angeboten. Meist findet das Geburtstagsessen im Sternzeichen am Abend statt und dauert insgesamt etwa drei Stunden.

Auswirkungen:
Insgesamt freuen sich alle Bewohner über das bevorstehende Geburtstagsessen. Man tauscht sich nicht nur innerhalb der Geburtstagsgruppe über das bevorstehende Fest aus, sondern auch die anderen Bewohner zeigen sich interessiert an dem bevorstehenden Ereignis. Zu diesem besonderen Anlaß ziehen sich die Bewohner meist sehr festlich an und lassen sich auch viel einfallen, was sie zum Gelingen des Festes beitragen können. So brachte beispielsweise ein Bewohner u. a. eine Schallplatte mit der Musik mit, zu der er zum ersten Mal mit seiner inzwischen verstorbenen Frau getanzt hatte. Durch die heimübergreifende Zusammenstellung der Geburtstagsgruppe entwickeln sich auch Bekanntschaften, die über den Rahmen der sonstigen Wohngruppe hinausgehen.

Hinweise zur Planung:
Die Vorbereitung des Geburtstagsessens im Sternzeichen sollte unbedingt rechtzeitig erfolgen. Alle Vereinbarungen und Absprachen mit der Geburtstagsgruppe sind sehr genau einzuhalten, ansonsten läuft man Gefahr, Enttäuschungen auszulösen. Was die Terminierung dieser Veranstaltung angeht, so sollte der Beginn nicht zu spät sein, damit noch anschließend genügend Zeit zur Verdauung bleibt. Dieses Geburtstagsfest sollte nicht als „Geheimveranstaltung“ durchgeführt werden, sondern ist eine wichtige Gelegenheit, um andere, noch nicht beteiligte Heimbewohner, neugierig zu machen. Eine so positiv aufgebaute Spannung erhöht die Lebendigkeit im Heim und regt an, sich tolle Ideen für das eigene Geburtstagsfest einfallen zu lassen.

5. À la carte bei Kerzenlicht

Ziel:
Das Angebot à la carte bei Kerzenlicht zielt darauf:

- Wünschen von Bewohnern zu entsprechen, die früher gerne in Restaurants gegangen sind,
- ein Menü bei festlichem Ambiente wiedererleben zu lasen,
- Abwechslung von der Heimroutine zu schaffen,
- die langen Winterabende zu verkürzen.

Begründung:
Bewohner, die früher des öfteren und gerne in Restaurants gegangen sind bzw. für die Eßkultur schon immer mit Lebensqualität einherging, kommen in vielen Heimen kaum noch zu ihrem Recht. Es wurde angestrebt, dieser Eß-Avantgarde unter den Heimbewohnern ein besonderes Angebot zu machen, um sie als Verbündete der Heimküche zu gewinnen.

Entstehungsgeschichte:
Ein 65jähriger rollstuhlgebundener Bewohner berichtete dem Küchenchef, daß er, seit er im Heim lebt, sehr bedauere, kaum noch in einem gepflegten Restaurant speisen zu können. Sicherlich, die Pflegekräfte würden ab und zu mal mit ihm in die Stadt gehen, aber das, was er früher so genossen habe, sei jetzt wohl nicht mehr möglich. So aufmerksam geworden, lernte der Küchenchef mehr und mehr Bewohner kennen, die ähnliches berichteten. Um diesen Bewohnern eine wirkliche Freude zu machen, veranstaltete das Küchenteam ein „Candlelight Dinner".

Maßnahme:
Aus vielfältigen Gesprächen mit Heimbewohnern wurden spezielle Wünsche verschiedener Bewohner in Erfahrung gebracht. Aus diesen Wünschen wurde für diesen Abend für einen begrenzten Personenkreis (maximal 50 Personen) folgendes Menü à la carte zusammengestellt:

Salatentrée

Nüsslisalat mit Ei
Randensalat mit Apfel
Gemischter Salat

Warme Vorspeisen

Kleines Blätterteigpastetchen nach Königinart
Forellenfilet mit Mandelblättern
Fritierte Käsekrapfen mit Tomatensauce
Schnecken mit Kräuterbutter

Hauptspeisen

Entrecote mit Kräuterbutter
Kalbsgeschnetzeltes nach Züricherart
Schweinskotelett vom Grill

Sättigungsbeilage

Pommes frites
Rösti
Nudeln
Kartoffeln

Gemüse

Karotten und Erbsen
Blumenkohl mit weisser Sauce
Tomate vom Grill

Dessert

Karamel-Flan mit Rahm
Fruchtsalat mit Kirsch

Weisswein: Monte sur Rolle 5 dl Fr. 10.–
Rotwein: Dole 5 dl Fr. 10.–

Aus dieser Speisekarte stellen die Bewohner am Tisch ihr individuelles Menü zusammen. Der Speiseraum wurde vorher eigens für diesen Abend vorbereitet: Die Tische wurden festlich gedeckt, auf jedem Tisch stand eine brennende Kerze und dezente Musik spielte im Hintergrund. Mitarbeiter des Reinigungsdienstes, die vorher entsprechend geschult wurden, übernahmen den Service. An diesem Candlelight Dinner konnten auch Mitarbeiter des Hauses zu einem Selbstkostenpreis teilnehmen.

Auswirkungen:
Das à la carte Essen bei Kerzenlicht wurde von Bewohnern und Mitarbeitern gleichermaßen als sehr gelungen erlebt. Die Stimmung war festlich, das Essen wurde genossen. Bewohner und Mitarbeiter hatten ein gemeinsames Erlebnis, das noch lange Zeit nachwirkte. Die Bewohner fühlten sich geehrt, hieran teilnehmen zu können und ermunterten auch andere Bewohner, an ähnlichen Projekten des Küchenteams zukünftig teilzunehmen.

Hinweise zur Planung:
Die Sammlung der besonderen Eßwünsche der Bewohner bildet die Grundlage für die Speisekarte. Die Speisekarte ist für diesen Abend auch graphisch speziell zu gestalten. Die einzelnen Menükomponenten sind, soweit möglich, gut vorzubereiten, um die Wartezeiten zwischen den Gängen zu begrenzen und einen möglichst reibungslosen Ablauf des Abends zu gewährleisten. Hier ist es auch wichtig, eine obere Grenze der teilnehmenden Personen festzulegen (z. B. 50 Personen).
Den Service von den Mitarbeitern des Reinigungsdienstes machen zu lassen und sie hierfür speziell in einem Kurzkurs zu schulen, wertet nicht nur diese Mitarbeitergruppe auf, sondern verschafft auch ihnen ein besonderes Erfolgserlebnis.
Mitarbeiter des Hauses zu diesem Candlelight Dinner einzuladen ist ebenfalls wichtig, weil sie über dieses Erlebnis zu Verbündeten einer sich entwicklenden Eßkultur im Heim werden.

Gemeinwesenorientierte Projekte

Die gemeinwesen- unterscheiden sich von den bewohnerorientierten Projekten dadurch, daß hier über die Heimbewohner hinaus noch andere Personenkreise angesprochen und in das Heimleben einbezogen werden. Da das soziale Umfeld eines Heimes das Innenleben eines Heimes in nicht unerheblichem Maße mitbeeinflußt, gilt es, Angehörige, Nachbarn, Freunde und Bekannte anzusprechen, um Vorurteile gegenüber dem Heim, falsche Vorstellungen vom Heimleben, eine Ghettoisierung des Heimes abbauen zu helfen bzw. erst gar nicht entstehen zu lassen.

Die gemeinwesenorientierten Projekte stellen des weiteren eine willkommene Bereicherung des Heimalltages dar, fördern die Kommunikation und öffnen die Heime und Heimküchen.

6. Bergpredigt

Ziel:
Mit dem Projekt Bergpredigt sollen folgende Ziele erreicht werden:

- Hemmschwellen von Angehörigen, Nachbarn und Bewohner des Stadtteils (Dorfes) gegenüber dem Heim abzubauen,
- jungen Menschen zu ermöglichen, etwas sinnvolles für Heimbewohner zu tun,
- die Kommunikation zwischen Heimbewohnern und Außenstehenden zu ermöglichen, den Kontakt zum Heim zu verbessern bzw. zu intensivieren,
- den Heimalltag der Bewohner zu bereichern.

Begründung:
Gottesdienste gehören in Heimen zu den wöchentlichen Standardveranstaltungen. Der Ablauf dieser Gottesdienste folgt festgefahrenen Ritualen. An den Gottesdiensten nehmen ausschließlich Heimbewohner teil. Es handelt sich somit im wesentlichen um eine Veranstaltung der geschlossenen Heimgesellschaft. Daß solche Gottesdienste überhaupt noch besucht werden, hängt vermutlich mehr von der tiefen Religiösität der Heimbewohner und der Monotonie des sonstigen Heimalltages als von dem Gottesdienst selbst ab. Dieses Projekt stellt den Versuch dar, den Gottesdienst als „gemeinschaftliche Feier der Christengemeinschaft im ursprünglichen Sinn“ umzusetzen.

Entstehungsgeschichte:
Das oberaargauische Pflegeheim liegt an einem Berg, außerhalb der Ortschaft Wiedlisbach.
Einmal monatlich findet jeweils sonntags im großen Saal ein Gottesdienst, manchmal verbunden mit einem Abendmahl, statt. Etwa

ein Drittel der Bewohnerschaft nimmt an diesen Gottesdiensten teil. Einmal wurde von der Küche versäumt, das Brot für das Abendmahl bereitzustellen. Dies führte zum einen zu erheblicher Kritik von Seiten der Heimleitung und andererseits wurde der Küche „erstmals" bewußt, daß in dem Hause überhaupt Gottesdienste stattfinden. Nunmehr aufmerksam geworden, entstand die Idee, die Form des Abendmahles attraktiver zu gestalten. Die Lage des Heimes am Berg, die Idee den Gottesdienst für die umliegenden Gemeinden zu öffnen und anschließend ein gemeinsames Mahl einzunehmen, führte zu dem Projekt „Bergpredigt", einem Gottesdienst unter freiem Himmel.

Maßnahme:
Das Projekt „Bergpredigt", initiiert von der Küche, wurde mit der Heimleitung und dem Pfarrer vorabbesprochen. Ergebnis war, daß ein Gottesdienst unter freiem Himmel von Kindern und Jugendlichen vorbereitet werden sollte, die Küche die Gottesdienstbesucher anschließend verpflegen und diese Veranstaltung den Heimbewohnern und den Bewohnern der umliegenden Gemeinden bekannt gemacht werden sollte. Nachdem die Planungen weitgehend abgeschlossen waren, wurden die Bewohner über das Projekt „Bergpredigt" informiert und eingeladen, daran teilzunehmen. An dem betreffenden Sonntag bekamen sie ein etwas einfacheres Frühstück und wurden nochmals darauf hingewiesen, daß es nach dem Gottesdienst ein reichhaltiges Mittagessen unter freiem Himmel gäbe. An der Veranstaltung nahmen insgesamt 380 Personen teil, davon etwa die Hälfte aus den umliegenden Gemeinden und etwa 30 Kinder mit ihren Eltern. Der Gottesdienst fand wie geplant unter Mitwirkung von Kindern und Jugendlichen statt. Anschließend baute die Küche ein Buffet auf mit verschiedenen Broten, „Zöpfen", heißem Beinschinken, verschiedenen Salaten, Milch, Kaffee, Holunderblütensirup und hausgemachten Süßmost auf. Zur Abdeckung der Kosten zahlten die auswärtigen Gäste einen angemessenen Kostenbeitrag. Während die Musikgesellschaft Wiedlisbach ein Platzkonzert gab, bedienten sich die Heimbewohner und die Gäste am Buffet.

Auswirkungen:
Der Erfolg dieses Projektes führte dazu, daß „Bergpredigten" zu einer neuen Heimtradition wurden. Fast alle Heimbewohner nah-

men teil. Es entstand eine wirklich lebendige und gemeinschaftliche Atmosphäre: Man half sich untereinander, man unterhielt sich, die Kinder spielten auf dem Heimspielplatz, man genoß das schöne Wetter und lauschte der Musik. Auch der Gottesdienst selbst verlief viel lebendiger und wurde durch das Mitwirken der Kinder sehr bereichert. Die Resonanz innerhalb der Bewohnerschaft und den umliegenden Gemeinden war ausgezeichnet.

Hinweise zur Planung:

- der Ablauf einer solchen Veranstaltung ist im voraus mit allen Beteiligten sehr genau zu besprechen und festzulegen,
- die Mitarbeiter in der Küche sind möglichst frühzeitig in die Planungen miteinzubeziehen,
- die Bewohner müssen rechtzeitig und wiederholt informiert werden (persönliche Information, Plakate),
- die Bewohner, die an der Bergpredigt und an dem gemeinsamen Mittagessen nicht teilnehmen können, sind rechtzeitig festzustellen, damit sie in ihrem Wohnbereich ähnlich gut versorgt werden können,
- der Standort des Buffets ist so zu wählen, daß lange Wartezeiten vermieden werden, eventuell sollte auch ein zweites oder drittes Buffet oder eine Buffetlandschaft bzw. Buffetinseln aufgebaut werden,
- die diversen Kostformen einzelner Bewohner sind zu beachten,
- die küchentechnischen Vorbereitungen sind so zu treffen, daß das Buffet in kürzester Zeit unmittelbar im Anschluß an den Gottesdienst aufgebaut werden kann.

7. Brunch

Ziel:

Mit dem Brunch soll erreicht werden, daß

- Hemmschwellen gegenüber dem Heim und seinen Bewohnern abgebaut werden,
- ein Heim auch eine Einrichtung zur Entlastung für (Haus-)Frauen ist,
- die Kommunikation zwischen „drinnen“ und „draußen“ gefördert wird,
- der Heimalltag bereichert wird.

Begründung:
Der Brunch ist eine neuzeitliche und populäre Ernährungsform, die sich gerade an Sonntagen anbietet, weil sie bequem ist und diejenigen, die in den Familien kochen, entlastet. Gerade ein Brunch ist eine hervorragende Möglichkeit, das Image eines Heimes moderner erscheinen zu lassen. Für die Heimbewohner ist es ebenfalls attraktiv, da der Brunch die Möglichkeit bietet, länger zu schlafen, sich dem sonst üblichen morgendlichen Streß zu entziehen, Gäste zu empfangen, das Frühstück mit dem Mittagessen zu kombinieren, einen anderen Tisch zu wählen und sich mit anderen Tischnachbarn (Außenstehenden) zu treffen. Der Brunch ist eine echte Alternative zu den sonst üblichen Formen der täglichen Speiseversorgung.

Entstehungsgeschichte:
Die Idee des Brunches entstand an einem Muttertag oder besser kurz vor einem Muttertag. Traditionellerweise ist der Muttertag der Tag, an dem es den Müttern besonders gut gehen sollte. Was lag da näher, als einen Anlaß zu finden, der die Mütter des Heimes (die Großmütter), die Mütter aus dem Dorf, die Kinder und Ehemänner verwöhnt. Ein „Brunch“ schien das richtige Angebot zu sein. Inzwischen findet der Brunch auch an anderen Sonntagen statt.

Maßnahme:
Die Idee des Brunch wurde eingehend mit den Heimbewohnern besprochen. Hier war es wichtig, den „Brunch“ sehr genau zu erklären, da diese Form der Kombination von Frühstück und Mittagessen den meisten Bewohnern unbekannt war. Wichtig war es, daraufhin zu weisen, daß es beim Brunch nicht um eine Sparmaßnahme, sondern um eine echte Alternative zur sonstigen Wochenendverpflegung ging. Den Bewohnern wurde aber auch freigestellt, vor Beginn des Brunch eine Tasse Kaffee und Brot zu bekommen. Der Brunch wurde dann mit Preisangabe in Anzeigen der örtlichen Tageszeitungen und auf Flugblättern veröffentlicht.

Getränke:
Kaffee · Milch · Orangensaft · Tee · Ovomaltine · Schokolade

Brotsorten:
Weißbrot · Züpfe (Zopf) · Ruch / Schwarzbrot · Knoblauchbrot · Milchbrot · Bauernbrot · Grahambrot · Vollkornbrot · Nussbrot · Klosterbrot · Graubrot · Roggenbrot · Früchtebrot · Knäckebrot

Milchprodukte und Diverses:
Hartkäse · Halbhartkäse · Rahmkäse · Quark · Butter · Birchermüsli · Cornflakes

Marmelade · Gelee · Honig

Fleisch/Wurst:
Heisser Beinschinken · Aufschnitt · Wurstwaren

Salate:
Kopfsalat · Karottensalat · Kartoffelsalat · Randensalat · Feldsalat · Sweet Corn · Tomatensalat · Cicorino rosso · Gurkensalat · Reissalat

Desserts:
Vanillecreme · Caramelcreme · Schokoladencreme · Früchtekuchen · Fruchtsalat

Auswirkungen:
Da sich die Vorbereitungen des Brunch als sehr arbeitsintensiv herausstellten, wurde vorgesehen, künftig Helfer aus anderen Aktivitäten des Heimes (z. B. Männer-Kochkurse) „anzustellen". Sowohl bei Heimbewohnern als auch bei den Familien war die Resonanz auf den Brunch sehr positiv. Der Brunch wurde geradezu zu einem beliebten Treffpunkt für Heim- und Dorfbewohner. Manche Dorfbewohner nutzten dieses Ereignis spontan für musikalische Darbietungen. Eine Reihe von Bewohnern machte auch von der Möglichkeit Gebrauch, länger zu schlafen und empfand den Brunch als angenehme Abwechslung.

Planungshinweise:
Gerade neue Formen der Verpflegung müssen sehr ausführlich mit den Heimbewohnern vorbesprochen werden. Hier sollten alle Möglichkeiten genutzt werden, das neue Projekt so bildhaft wie möglich vorzustellen.
Die Anzeigen und Flugblätter sind attraktiv zu gestalten und frühzeitig zu veröffentlichen. Reservierungsmöglichkeiten sind vorzusehen.

Das Angebot muß frühzeitig und detailiert geplant werden. Besonders zu berücksichtigen sind:

- Anzahl der verfügbaren Plätze,
- Anzahl der teilnehmenden Heimbewohner,
- Anzahl der behinderten Heimbewohner, die reservierte Sitzplätze benötigen,
- Anzahl der erwarteten Gäste,
- Preisgestaltung/Kinderpreise,
- alternative Verpflegungsangebote für die Heimbewohner, die nicht am Brunch teilnehmen wollen, sind vorzubereiten,
- die diversen Kostformen einzelner Bewohner sind zu beachten,
- das Brunch-Buffet muß an einem zentralen und gut erreichbaren Ort im Speiseraum sein, der von allen Seiten gut zugänglich ist.

8. Festliches Nachtessen

Portrait einer alten Dame

Je weniger man sich bewegen kann, um so kostbarer wird das, was man noch so tun kann.

Heute abend um 18.30 Uhr ist Frau E. gestorben. Das heißt, eigentlich ist sie nur „heimgegangen“, wie sie immer sagte. Sie zählte 93 Jahre und war mir – doppelt so alt wie ich – eine gute „Freundin“. Schließlich hat sie mich ja auch als ihren „Partner“ zum festlichen Nachtessen eingeladen, das die Leitung des Altenheimes in Münchenbuchsee, wo sie die letzten sechs Jahre lebte, veranstaltete. →

Bei dieser Gelegenheit hat sie mir viel aus ihrem langen und ereignisvollen Leben erzählt. Sie hatte viel Schweres und Leidvolles zu bewältigen. Selten aber ist mir ein Mensch begegnet, der soviel Gelassenheit und Abgeklärtheit ausstrahlte. Ja, Frau E. hat es wirklich geschafft, ihre eigene Vergangenheit Punkt für Punkt zu bewältigen – letzte Schritte in diesem Sinne tat sie noch wenige Wochen vor ihrem Tod. Sie ist für mich ein Beispiel, daß gerade das Leben im Altenheim einen Menschen zur Erfüllung seines Daseins führen kann.
Was mich bei jeder Begegnung mit dieser Frau beeindruckte, war ihr Urvertrauen. Was ihre eigene Mutter ihr beim Tod des Vaters einmal gesagt hatte, begleitete sie das ganze Leben: Papa ist jetzt an einem anderen Ort, wo er es besser hat. Dort ist noch ein anderer Vater für uns alle, der allmächtig ist und für uns sorgt.
Frau E. hatte Krebs. Statt der vom Arzt prophezeiten Lebenserwartung von höchstens zwei Jahren lebte sie noch ganze zwanzig Jahre lang – und starb an Altersschwäche. Seit jener Diagnose hat sie sich mit dem Tod auseinandergesetzt: Sie fühlte sich nur noch „als Gast auf Erden", und fortan hatte das Bibelwort: „Nicht mein, sondern dein Wille geschehe" für ihr Leben eine bestimmende Bedeutung. Insbesondere sagte sie in den letzten Jahren immer wieder: Ich weiß gar nicht, warum mich der Herrgott so lange leben läßt! Ich muß bestimmt einiges wieder gutmachen. Jedenfalls nehme ich jede Stunde, die ich noch habe, als Geschenk. Ich will etwas daraus machen und sie einsetzen für die, die mich noch brauchen. Und das tat Frau E. auch. Jeder weiß das im Haus Weiermatt. Obwohl sie vom Charakter her eher schweigsam und zurückhaltend war, öffnete sie sich ihren Altenheim-Mitbewohnern, ihrer Wahlverwandtschaft – wie sie sagte –, in ungewöhnlicher Weise.
Sie schlug Brücken, wo immer es nur ging. Sie interessierte sich für alles und jedes, und insbesondere lag ihr die Jugend am Herzen, „für die es heute – eben weil sie alles hat – viel schwieriger ist". Mit selbstverständlicher Aufmerksamkeit betreute sie im Hause vor allem diejenigen, die im Sterben lagen. Oft wachte sie stundenlang an ihren Betten, „damit niemand alleine sei".

→

Als es dann für sie selbst soweit war, bat sie mich zu sich. Sie wollte bewußt Abschied nehmen und mir noch einmal sagen, daß das Leben für sie ein einziges großes Geschenk und das Alter eigentlich ihre schönste Lebenszeit gewesen sei. „Es ist schon wahr", sagte sie, „je weniger man sich bewegt und etwas unternehmen kann, desto kostbarer wird das, was man noch tun kann". Und dann, auf meine Frage, ob sie wirklich ganz ruhig und bereit sei, hinterließ sie mir lächelnd jenes Wort, das ich hoffentlich nie mehr vergessen werde: „Ja, ich bin bereit. Ich habe keine Angst. Eine alte Frau hat mir einmal in Rußland gesagt: „Du brauchst nie Angst zu haben. Wo immer Du auch hingehst, Gott erwartet dich".

Festliches Nachtessen – Ziel:
Mit dem festlichen Nachtessen sollen folgende Ziele erreicht werden:

- Erweiterung der Mitwirkung und Mitarbeit der Heimbewohner,
- Förderung der Entscheidungsfähigkeit,
- Stärkung der Identifikation mit dem Heim,
- Erfahrung, wieder Gastgeber zu sein,
- Unterstützung sozialer Kontakte,
- sich unterhalten zu fühlen, sich zu amüsieren.

Begründung:
In ihrem Buch „Das Alter" schreibt Simone de Beauvoir: „ In dem Augenblick, da ich kein Geld habe, wer soll sich da noch für mich interessieren? ... Wenn man in Not ist, findet man niemanden mehr ... ich lasse mich nicht mehr einladen, denn ich kann nicht wieder einladen ... wenn man mich einlädt, finde ich immer einen Grund, abzulehnen, denn ich weiß, daß ich mich nicht revanchieren kann" (24).

Festliches Nachtessen

Mit dem festlichen Nachtessen hat der Bewohner nunmehr die Möglichkeit, sich einen Gast einzuladen – also Gastgeber zu sein – und an der Planung und Vorbereitung des gesamten Abends aktiv mitzuwirken. Ein Nachtessen wurde deshalb gewählt, weil es mehr Möglichkeiten enthält, diesem Essen eine wirklich festliche Stimmung zu verleihen und das Abendleben im Heim zu bereichern.

Entstehungsgeschichte:
Die Idee, daß Heimbewohner einen Gast zu einem festlichen Nachtessen einladen können, ist im Altersheim Weiermatt in Münchenbuchsee entstanden. Im Gespräch mit einer Heimbewohnerin erfuhr die Heimleitung, daß es schön wäre, auch mal einen Gast zu einem schönen Essen einzuladen. Die betroffene Person, die dies geäußert hatte, konnte wegen einer Bein-Behinderung das Haus nicht mehr verlassen. So entschloß man sich, den Heimbewohnern zu Weihnachten einen Gutschein für ein festliches Nachtessen schenken.

Vorschläge für das Festliche Nachtessen waren:

Suppen:
Spargelcreme · Steinpilzcreme · Bouillon mit einer Einlage · Grießsuppe · Morchelcreme · Kraftbrühe mit Eierstich

Salate:
Rote Bete · Feldsalat mit Ei · Sellerie · Karotten · Kopfsalat mit Ei

Vorspeisen:
Pastetchen mit einer Fleischfüllung · Lachs auf Toast · Fischfilets gebraten · Pilzschnitten · Risotto · Teigwaren

Hauptgerichte:
Kalbsbraten · Schweinsbraten · Berner Platte · Geschnetzeltes · Kaninchenbraten · Lammvoressen · Poulets · Gespickter Rindsbraten

Beilagen:
Kartoffeln · Kroketten · Nudeln · Risotto · Erbsen und Rüebli (Erbsen und Karotten) · Blumenkohl

Dessert:
alle Arten von Creme · Merinques mit Rahm · Torten und Kuchen · Rouladen · Fruchtsalat · Caramel Flan

Maßnahme:
Um einen Schwerpunkt in den langen Winterabenden zu setzen,

werden die „festlichen Nachtessen“ in den Monaten Januar bzw. Februar „zelebriert“.

Aus Platzgründen kann jeder Heimbewohner nur einen Gast einladen. Der Heimbewohner muß sich nunmehr sehr genau überlegen, welche Person er zum festlichen Nachtessen einlädt, denn Ausnahmen sind nicht gestattet. Die morgendliche Teerunde ist eine gute Gelegenheit, Ideen für das Menü des festlichen Nachtessens ausführlichst zu diskutieren und festzulegen. Von Seiten der Heim- und Küchenleitung gibt es keinerlei Vorgaben, auch nicht hinsichtlich der Kosten.

Der Raum und die Tische werden von der Heimleitung mit Unterstützung einiger Heimbewohner gestaltet. Es konnte eine Reihe von Schülern aus dem Ort für Musikbeiträge gewonnen werden. Das festliche Nachtessen besteht meist aus fünf Gängen und dauert insgesamt etwa vier Stunden.

Auswirkungen:
Das festliche Nachtessen entwickelte sich zu einem winterlichen Höhepunkt des Heimlebens. Die Bewohner nahmen diesen Anlaß ungeheuer ernst: Sie überlegten sich sehr genau, wen sie einluden, z. T. mußten sie auch Erklärungen finden, weshalb sie diese und nicht eine andere Person einluden, sie diskutierten das künftige Ereignis sehr oft, waren bei der Dekoration sehr engagiert, gingen vorher zum Friseur, kleideten sich sehr festlich und nahmen sich sehr viel Zeit zum Essen.

Daß jeder Heimbewohner nur einen Gast einladen konnte, zeigte sich als großer Vorteil: Denn nun mußten sich Gast und Gastgeber umeinander kümmern. Es wurde damit vermieden, was sonst oft bei Besuchen zu beobachten ist: Die Besucher unterhalten sich untereinander und der Heimbewohner wird wenig oder gar nicht in das Gespräch einbezogen.

Das festliche Nachtessen hat u. a. auch dazu geführt, daß sich die Gäste (Freunde und Angehörige der Bewohner) stärker mit dem Heim identifizieren und ihre Schwellenangst überwinden konnten.

Planungshinweise:
- festlegen des Termins etwa 2 Monate vorher,
- Gutscheine erstellen und den Bewohnern schenken,
- eventuell den Heimbewohnern bei der Wahl des Gastes behilflich sein,

- Thema für das festliche Nachtessen besprechen und festlegen (z. B. „Zauberflöte“, „Winterabend“),
- Menü und Dekoration mit den Bewohnern besprechen,
- Musikauswahl besprechen (Kapelle oder Cassette),
- Organisation des Service (das können auch Personen aus dem Ort sein),
- die Speisen sind festlich zu garnieren,
- für das Dessert bietet sich ein Dessert-Buffet an.

9. Der Fleischeinkauf

Ziel:
Der Fleischeinkauf soll den Bewohner

- den früheren Kontakt zum Gemeinwesen (Dorf, Stadtteil) wiederaufnehmen lassen,
- mobilisieren,
- seine eigenen Eßwünsche verdeutlichen,
- seine Selbstverantwortung stärken,
- das Kundenbewußtsein (eigene Einkaufserfahrungen), vermitteln und aufleben lassen,
- Essen als Lust und Genuß erfahren lassen.

Begründung:
Die Totalversorgung eines Heimes mit allen Mahlzeiten führt bei den Bewohnern zur Entfremdung lebenslanger eigener Einkaufs- und Zubereitungserfahrungen. Je länger der Aufenthalt in einem Heim, desto größer ist der Verlust grundlegender „hauswirtschaftlicher“ Erfahrungen. Mit dem Projekt Fleischeinkauf soll diesen Entfremdungs- und Entmündigungstendenzen gegengewirkt werden. Der Fleischeinkauf knüpft an frühere Erfahrungen an und vermittelt ein Stück normales nicht institutionalisiertes Leben. Es verbindet die Auseinandersetzung mit eigenen (Eß-) Wünschen, Eigenaktivitäten und abschließender Genußerfahrung.

Entstehungsgeschichte:
Die Eintönigkeit und die sich ewig wiederholende Gleichförmigkeit der normalen Heimküche führte beim Heimkoch zum Wunsch, wenigstens ab und zu wieder einmal à la carte zu kochen, die Restaurationsküche zu zelebrieren. Dabei sollten auch die geheimen „Essensgelüste“ der Bewohner berücksichtigt werden. Nur eine Speisekarte anzubieten, erschien zu abstrakt, es galt einen erfahrbareren Weg zu finden, der die Bewohner aktiv an der Menü-

gestaltung beteiligt. Da die Bewohner des öfteren über ihre früheren Einkaufserlebnisse im Dorf erzählten, entstand die Idee des Fleischeinkaufes.

Maßnahme:
In der Teerunde wurde die Idee des Wunschmenüs, des Fleischeinkaufs, vorgestellt und mit den Bewohnern besprochen. Die Resonanz war überwiegend positiv, einige Bewohner äußerten aber Befürchtungen: Wie komme ich ins Dorf? Wird das wirklich klappen? Wird es nicht zu teuer? Man verständigte sich darauf, das Projekt „Fleischeinkauf" einfach mal auszuprobieren. Einmal im Monat bekamen die Bewohner die Gelegenheit, ins Dorf zu gehen bzw. gefahren zu werden, um sich beim örtlichen Metzger ein Stück Fleisch zu kaufen. Anschließend gaben sie das Fleisch in der Heimküche ab und erhielten die ausgelegten Kosten zurück. In einem „Fachgespräch" mit dem Heimkoch sagten die Bewohner, welche Komponenten sie zum Fleisch wünschten und wie das Fleisch zubereitet werden sollte. Am nächsten Tag erhielten alle Heimbewohner ihr Wunschmenü zu Mittag.

Auswirkungen:
Die anfänglichen Bedenken verflogen nach den ersten Malen sehr schnell; auch die Küchenmitarbeiter merkten, daß diese Art des à la carte Kochens nicht mehr Arbeit bedeutete, sondern vor allem eine andere Arbeitsorganisation nach sich zog. Für die Küche bestand der Reiz dieses Projektes vor allem auch darin, im Gegensatz zum normalen Heimalltag hier sehr individuell zu kochen und jeden Teller einzigartig zu gestalten. Für die Bewohner war es ein besonderes Erlebnis, wieder ins Dorf zum Metzger zu gehen und dort einzukaufen, wo viele früher eingekauft hatten. Über die Preisentwicklung waren doch manche Bewohner sehr erstaunt. Besonders genossen sie die kleine Fachsimpelei mit dem Metzger und den anderen Kunden, die sie noch kannten. Bemerkenswert war auch festzustellen, mit welcher Genauigkeit und Klarheit sie ihre Rezept- und Kochwünsche mitteilten. So lernte die Heimküche eine Vielzahl neuer (regionaler) Rezepte und besondere Zubereitungswünsche kennen. Diese Aktion entwickelte sich zum monatlichen Höhepunkt im Heimalltag. Dies nicht zuletzt deshalb, weil sich hier die Bewohner aufgewertet und in ihrer Selbstverantwortung gestärkt fühlten und aktiv mitwirken konnten.

Planungshinweise:

- gute und rechtzeitige Information der Bewohner und des Metzgers,
- es ist besonders darauf hinzuweisen, daß die Bewohner das ausgegebene Geld für den Fleischeinkauf wirklich wieder zurückbekommen,
- das in der Küche abgegebene Fleisch muß gekennzeichnet werden (Name, Fleischsorte, Beilagen- und Sonderwünsche),
- ein guter „mise en place" ist die Grundvoraussetzung für ein gutes und reibungsloses Gelingen,
- die Verzierung frühzeitig fertig machen,
- die Zubereitung der Menüs erfolgt tischweise,
- Bereithaltung des Tagesmenü für Gäste und Heimbewohner, die sich nicht am Fleischeinkauf beteiligt haben.

10. Jazz-Matinée

Ziele:
Die Jazz-Matinée soll:

- das Heim für Außenstehende öffnen,
- ein sozio-kulturelles Erlebnis vermitteln,
- eine Alternative zu traditionellen Heimveranstaltungen erfahrbar machen,
- Kontakte und Kommunikation mit Außenstehenden ermöglichen.

Begründung:
Traditionell wird in vielen Heimen unter Musik vorwiegend Volksmusik, Tanzmusik und klassische Musik verstanden. Diese Musikarten decken aber bei weitem nicht alle Musikinteressen innerhalb der Bewohnerschaft ab. So fühlt sich beispielsweise die Minderheit der Jazzfreunde im Heim vernachlässigt. Um diesen Heimbewohnern eine Freude zu bereiten, gleichzeitig Jazz-Interessierte aus der Nachbarschaft anzusprechen und den Bewohnern, die dem Jazz eher distanziert gegenüberstehen, einen Anlaß zur lebendigen Auseinandersetzung zu bieten, wurde eine Jazz-Matinée in Verbindung mit einer rustikalen Morgenvesper (Schinken und Zopf) veranstaltet.

Entstehungsgeschichte:
In verschiedenen Gesprächen mit Bewohnern erfuhr der Küchen-

chef, daß einige wenige Bewohner sich sehr für Jazz interessieren. Des öfteren waren es Bewohner, deren Söhne in Jazz-Bands spielten. Man griff diese Idee auf und bot in alter Jazz-Tradition eine Jazz-Matinée für alle in und außerhalb des Heimes Interessierten an einem Sonntagmorgen an. Da bekanntlich der Sonntag eher ein „Lang-Schlaf-Tag" ist, bot es sich an, die Jazz-Matinée mit einer rustikalen Morgenvesper zu verbinden. Ein Termin mit einer ortsansässigen Jazzband war denn auch schnell gefunden.

Maßnahme:
Die Jazz-Matinée findet am Sonntagmorgen in der Zeit von 10.00 bis 12.00 bzw. 13.00 Uhr je nach Witterung in der Arena (Innenhof) oder im großen Saal statt. An drei kleineren Buffets sind Getränke, Schinken und Zopf aufgebaut, so daß die Besucher sich in den Musikpausen selbst bedienen können. Es ist ein offene und recht zwanglose Veranstaltung. Während der gesamten Zeit können die Besucher kommen und gehen, zuhören oder sich auch miteinander unterhalten.

Auswirkungen:
Diese Veranstaltung löste höchst kontroverse Reaktionen aus: Die Jazz-Freunde waren begeistert und klatschten frenetisch; die „Volksmusik-Liebhaber" hielten diese Veranstaltung für „unmöglich". Das Thema Geschmack und Toleranz, aber auch Mehrheits- und Minderheitenmeinung wurde neu aufgeworfen und dann in verschiedenen formellen und informellen Gesprächsrunden weiterverfolgt. Von den Bürgern aus der Nachbarschaft wurde das Jazz-Matinée sehr positiv aufgenommen, was sich nicht nur in ihrer erstaunlich regen Teilnahme ausdrückte.

Hinweise für die Planung:
Eine Veranstaltung für eine Minderheit darf nicht mit der Erwartung verknüpft werden, alle „zufrieden" zu stellen. Die kontroversen Reaktionen sind gewollt und tragen auch zu einer lebendigen Heimatmosphäre bei.
Durch eine entsprechende Organisation ist darauf hinzuwirken, daß der Ablauf insgesamt locker, entspannt und unkonventionell (keine festen Sitzplätze) verläuft.
Die rustikale Morgenvesper versteht sich vorrangig als „Lockmittel" und zur kulinarischen Abrundung dieser Veranstaltung und weniger als Ersatz für das Frühstück oder das Mittagessen.

11. Vernissagen

Ziel:

Das Projekt „Vernissagen“ soll:

- die Bewohner an allgemeinen kulturellen Trends teilhaben lassen
- Anstöße zur Auseinandersetzung mit Kunst geben,
- Anregung sein, selbst künstlerisch aktiv zu werden,
- die eigene Meinungsbildung stärken,
- eine Abwechslung im Heimalltag sein,
- das Heim für Außenstehende öffnen,
- eine Anregung geben, auch Ausstellungen außerhalb des Heimes zu besuchen.

Begründung:

Heime verfügen über öffentliche Flächen, z. B. im Speiseraum, im Veranstaltungssaal, im Eingangsbereich und auf den Fluren, die häufig viel zu wenig genutzt werden. Künstler aus der Region haben des öfteren Schwierigkeiten, ihre Kunstprodukte einer breiteren Öffentlichkeit vorzustellen. Von daher bietet es sich an, diesen Künstlern die ungenutzten Flächen anzubieten, um u. a. somit einen Beitrag für ein anregungsreicheres Heiminnenleben zu schaffen. Eine Ausstellung richtet sich aber nicht nur an die Bewohner, sondern auch an andere Kunstinteressierte aus dem Heimumfeld. Da eine Ausstellung immer auch einen kulturellen Höhepunkt darstellt, wird üblicherweise auch ein bestimmter Rahmen geschaffen. Hierzu gehört beispielsweise eine Vernissage, zu der alle Heimbewohner eingeladen sind.

Entstehungsgeschichte:

Aus einem Kochkurs für Kinder, der im Heim angeboten wurde, entstand die Idee, nicht nur zu kochen, sondern auch Bilder über das Kochen im allgemeinen und das Essen im Heim im besonderen zu malen. Die Werke der Kinder gelangen so gut, daß die Idee geboren wurde, diese im Heim selbst auszustellen. Diese erste Kinderkunstausstellung fand einen solchen Anklang unter den Heimbewohnern, daß hieraus die Idee entstand, Künstlern aus der Region das Heim als Ausstellungsort anzutragen. Dieses Angebot wurde von den Künstlern gerne aufgegriffen und so fanden immer mehr Kunstausstellungen im Heim statt. Die verschiedenen Ausstellungen über abstrakte Malerei, naive Malerei, Bauernmalerei bis zu Aktdarstellungen lösten unterschiedlich starke Kontroversen innerhalb der Bewohnerschaft aus. Um den Bewohnern mehr Hintergrundinformation über die jeweiligen Kunstwerke zu geben, wurden in zunehmendem Maße Vernissagen mit den jeweiligen Künstlern, einem Kunstkritiker und Repräsentanten der Kulturbehörden in Anwesenheit der Bewohner und interessierter Bürger veranstaltet. Das Heim entwickelte sich mehr und mehr zu einem Zentrum für regionale Kunst.

Maßnahme:
Jede Ausstellung steht unter einem bestimmten Motto, einem bestimmten Thema. Entsprechend dem Thema der Ausstellung wird die Vernissage auch gestaltet. Eine Ausstellung stand unter dem Leitthema „Landschaften und Häuser aus dem Emmental". Entsprechend wurde dann während der Vernissage auch Emmentaler Käse, Emmentaler Holzofenbrot und eine Apfelweinbowle gereicht. Üblicherweise findet eine Vernissage am frühen Abend statt, so daß man auch hier wieder eine gute Gelegenheit hat, die oft zu langen Abende anregend zu verkürzen.

Auswirkungen:
Zu Beginn wurde dieses Angebot von vielen Heimbewohnern eher skeptisch beäugt. Man hatte den Eindruck, daß manche nur deshalb kamen, weil es hier mal wieder etwas zu essen, zu trinken und zu probieren gab. Im Laufe der Zeit aber konnten immer mehr Bewohner diesen Kunstaustellungen etwas abgewinnen. Die meisten Bewohner fühlten sich auch in ihrem Selbstwertgefühl bestärkt, weil so viele Besucher in ihr Heim kamen.

Da die Ausstellungen nicht ständig stattfanden, sondern nur vierfünfmal im Jahr und eine Ausstellung auch nur vier bis sechs Wochen dauerte, entwickelten immer mehr Heimbewohner auch Ideen für weitere Ausstellungen. Manche Ausstellung, insbesondere die mit den Aktdarstellungen, löste heftigste Kontroversen darüber aus, was Kunst ist und was Kunst sein darf.

Hinweise für die Planung:
Bei der Gestaltung des kulinarischen Rahmens einer Vernissage sollte viel Kreativität darauf verwandt werden, das Leitmotiv durch ein entsprechendes kulinarisches Angebot zu stärken. Ein Getränk (Sekt oder Bowle) und ein delikates Appetithäppchen ersetzen keine Mahlzeit, wirken aber anregend auf die Sinne und erhöhen den Lustgewinn. Die Ausstellung und die Eröffnungsreden stehen im Vordergrund, die Küche rundet den künstlerischen Rahmen ab.

12. Backkurs mit Schülern

Ziel:
Die Möglichkeit, selbständig einen Backkurs für Schüler zu machen, soll:

- Bewohner aktivieren,
- den Bewohnern Mut machen, etwas, was sie gut kön nen, auch weiterhin selbständig zu tun,
- junge Menschen ins Heim „locken“ und erfahrbar wer den lassen, daß auch alte Menschen über hervorragende Kompetenzen verfügen.

Entstehungsgeschichte:
In den Sommerferien veranstaltet die Stadt immer eine „Ferienpaß-Aktion“ vor allem für die Jungen und Mädchen aus der Stadt, die nicht in Urlaub fahren. In diesem Zusammenhang wurde auch das Heim angesprochen, ob es ein Angebot für diese Schüler machen könnte. Diese Anfrage wurde während eines Informationsapéros mit den Bewohnern besprochen. U. a. meldete sich ein Bewohner, der von Beruf Bäcker war, und bot an, im Rahmen dieser Ferienpaß-Aktion einen Backkurs anzubieten. Zu diesem Backkurs meldeten sich dann acht Schüler und Schülerinnen.

Begründung:
Heime neigen dazu, die Bewohner zu sehr zu versorgen und ihnen zu wenig Möglichkeiten anzubieten, eigene Fähigkeiten einzubringen. Dies führt dann in der Folge häufig zu einer kaum noch beantwortbaren „Bedienungsmentalität“. Um diesen Entwicklungen Vorschub zu leisten, waren wir bemüht, immer wieder Gelegenheiten dafür zu schaffen, daß Bewohner etwas selbständig nach ihren Vorstellungen tun können. So war diese Ferienpaßanfrage eine gute Gelegenheit, die Bewohner ein weiteres Mal zu aktivieren.

Maßnahme:
Nach der Entscheidung, einen Backkurs anzubieten, wurde dies in dem Ferienpaß-Prospekt als Angebot des Herrn X veröffentlicht. Es meldeten sich acht Schüler und Schülerinnen. Der Backkurs fand an fünf Vormittagen während der Sommerferien statt. Die Schüler lernten nicht nur Brot und Kuchen, sondern auch Zopf und Plätzchen zu backen – mit allem, was zum Backen dazu gehört. Die frischen Backwaren wurden im Heim von allen Bewohnern probiert und für mehr als gut befunden. Besonders günstig erwies sich der

Umstand, daß das Heim über eine zusätzliche Trainingsküche verfügte. So wurde der normale Küchenbetrieb kaum gestört und außerdem hatten die anderen Bewohner auch immer wieder Gelegenheit, die jungen Leute im Backkurs zu besuchen. Daß ein Backkurs stattfindet, brauchte nicht gesagt zu werden, man konnte es gut riechen.

Auswirkungen:
Der Backkurs fand große Beliebtheit bei den Schülern und auch bei den Heimbewohnern. Er wurde in den folgenden Jahren wiederholt. Außerdem entwickelte sich der Kontakt mit den Schülern so gut, daß sie immer wieder ins Haus kamen und auch bei anderen Projekten mithalfen. Nebenbei bemerkt: Ein Schüler aus dem Backkurs wurde so animiert, daß er sich entschied, Koch zu werden, und nun in einem Altenheim lernt.
Eine weitere Auswirkung war, daß andere Bewohner sich angesprochen fühlten und einen Kochkurs für Kinder anboten und durchführten.

Hinweise zur Planung:
Bei diesem und ähnlichen Projekten ist sehr darauf zu achten, daß die eigentliche Projektidee von Bewohnerseite kommt. Wenn die Idee von Mitarbeitern kommt, fühlen sich die Bewohner nicht frei und machen das Projekt nicht zu ihrer eigenen Sache.
Solche und ähnliche Projekte können sich nur entwickeln, wenn sie auf natürlichem Wege z. B. durch eine offizielle Anfrage angestoßen und dann von Bewohnern aufgegriffen werden. Der Beitrag der Küche ist hierbei vor allem, die Bewohner über die Anfrage zu informieren, die organisatorischen Rahmenbedingungen bereitzustellen und als Ansprechpartner während der Projektdurchführung zur Verfügung zu stehen.

Ziele und Grundsätze von Projekten zur Eßkultur

Es würde den Rahmen dieses Buches sprengen, alle bereits durchgeführten oder denkbaren Projekte detailliert zu beschreiben. Die dargestellten Projekte verstehen sich als beispielhaft für die praktische Umsetzung einer Eßkultur im Heim. Sie sollen gleichsam eine Anregung sein, selbst weitere Projektideen zu entwickeln.

Grundsätzlich ist bei der Initiierung von Projekten darauf zu achten, daß sich die Projekte aus dem gegebenen Heimalltag, den

Ideen und Vorschlägen der Heimbewohner entwickeln sollten. Hier hat die Küche im positivsten Verständnis des Wortes eine wachsame, zuhörende und animierende Funktion. Projekte gelingen in aller Regel dann, wenn sie nicht den Köpfen der Profis, sondern dem Heimalltag, den Bewohnerbedürfnissen oder anderen aktuellen Ereignissen entspringen. Erst eine solche natürliche Anbindung läßt die Bewohner zu wirklich Mitwirkenden werden.

Ziel aller Projekte ist es, die Lebensqualität der Heimbewohner zu verbessern, sie wirklich teilhaben zu lassen an Ereignissen, Veranstaltungen und Aktionen, die sie betreffen. Heime können nur dann zu attraktiven Lebens- und Wohnorten werden, wenn die darin Lebenden sich persönlich einbringen können. Sonst drohen Heime zu Versorgungsanstalten mit einem kaum noch zu befriedigenden Dienstleistungsanspruch zu werden. Der Mensch ist dort zu Hause, wo er sich nicht zu erklären braucht und wo er sein Leben aktiv gestaltend leben kann.

In der nachfolgenden Checkliste zur Planung von Projekten sind die wichtigsten Grundsätze noch einmal stichwortartig zusammengefaßt:

- Projekte gehen von den Anliegen und Anregungen der Bewohner aus,
- bei der Gewinnung von „Mitwirkenden“ ist immer vom Prinzip der Freiwilligkeit auszugehen (Niemand soll zu seinem „Glück“ gezwungen werden),
- Bewohner dürfen nicht überfordert, aber auch nicht unterfordert werden (Beachtung des Prinzips der kleinen Schritte),
- Bewohner sind zu wirklich Mitmachenden, zu Mitwirkenden zu machen,
- sich und allen Beteiligten ist in allen Projektphasen ausreichend Zeit zu lassen (Geduld),
- die Projekte sind – auch in ihren Einzelheiten – sehr gut vorzuplanen und vorzubereiten,
- wichtigen „anderen“ (Heimleitung, Pflegeleitung, Beschäftigungstherapie, Sozialdienst, Heimbeirat usw.) ist Gelegenheit zu geben, das Projekt mitberaten zu können,
- wichtige „andere“ sind rechtzeitig zu informieren,
- das Projekt ist im Anschluß mit allen aktiv Beteiligten

auszuwerten (Was war gut? Was kann das nächste Mal besser gemacht werden?),

- nicht perfekt sein wollen (Projekte sind als Experimente zu werten! Den Gewinn auch im Unvollkommenen erkennen!)

Eßkultur im Heim

20 Thesen

Die Bewohner
Die Bewohner sind die eigentlichen Auftraggeber der Küche. Ihre Wünsche, Erwartungen und Bedürfnisse genießen in der Heimküche einen hohen Stellenwert. Den Bewohnern ist mit Achtung, Respekt und Wertschätzung gegenüber ihrer Person, ihrem bisherigen Leben und ihrer derzeitigen Lebenssituation zu begegnen.

Die Verantwortung
In der Gastronomie entscheidet der Gast, wo und was er ißt. Er nimmt den Köchen somit einen großen Teil der Entscheidungsverantwortung ab. In Heimen ist das nicht so. Hier trägt die Küche bezüglich Auswahl, Abwechslung, Ausgewogenheit, Zubereitung und Planung die Verantwortung.

Der Dialog
Mit den Bewohnern ist der Dialog auf allen möglichen Ebenen zu suchen. So sind die Bewohner in die Menüplanung direkt einzubeziehen. Beim Servieren lernen der Küchenchef und seine Mitarbeiter die Zubereitungswünsche und Leibgerichte der Bewohner kennen. Sie erfahren hier direkt und unmittelbar, welche Gerichte wieder einmal in den Speiseplan aufgenommen werden sollten und vieles andere mehr. Der Küchenchef kann seinerseits auch die Bewohner auffordern, ihre Wünsche zu äußern. Im Dialog kann der Küchenchef zeigen, daß er die Wünsche, die Kritik und die Anregungen der Bewohner wirklich ernst nimmt.

Die Philosophie
Nicht nur das Heim, sondern auch die Küche im Heim braucht eine Philosophie. Diese muß transparent sein. Die Heimbewohner, die Mitarbeiter der Küche und das Pflegepersonal müssen über die Vorstellungen, das Konzept und die Ziele des Heimes und der Küche informiert sein. Eine gute Beziehung zwischen Küche, Pflegepersonal und Bewohner ist der wichtigste Pfeiler, um die gesetzten Ziele zu verwirklichen. Ein gutes Verständnis zwischen Pflege und Küche kann durch ein Praktikum der Küchenmitarbeiter in der Pflege und der Pflegekräfte in der Küche gefördert werden.

Die Essensmenge
Die Portionen sind klein und ausgewogen zu halten und den jetzigen Aktivitäten der Bewohner anzupassen.

Die Nahrungsmittel
Die Nahrungsmittel sind so zu wählen und zu verarbeiten, daß sie

den Bedürfnissen der Bewohner und den Kriterien einer gesunden Ernährung entsprechen.

Die Essenszeit
Für die Einnahme der Mahlzeiten sollte genügend Zeit zur Verfügung stehen. Das Essen sollte dem Bewohner in einer harmonischen, gemütlichen und persönlichen Atmosphäre angeboten werden. Die Essenzeit sollte mit natürlichen Mitteln, z. B. mit einem Salatbuffet oder mehreren Menügängen, verlängert werden. Die Essenszeit darf nicht durch voreiliges Abräumen der Tische und Saubermachen des Speiseraumes verkürzt werden.

Die Speiseverteilung
Die Darbietung der Speisen ist als Beziehungsangebot zu verstehen. Die Speisepräsentation vermittelt dem Bewohner ein Gefühl, wie er vom Heim und seinen Mitarbeitern gesehen wird. Hier gilt es, Formen und Systeme einzusetzen, die nicht starr und schematisch, sondern persönlich und abwechslungsreich sind. So kommen u. a. Plattenservice, Tellerservice, Service vom Wagen, Buffet, Kochen mit den Bewohnern und grillieren in Frage. Bei der Wahl des Speiseversorgungssystems ist das Entscheidungskriterium: den Bewohnern eine persönliche Wertschätzung zu vermitteln, und zwar so, daß dies gleichzeitig eine Gelegenheit ist, die Bewohner auswählen zu lassen bzw. sich selbst zu bedienen. Während des Service ist die Anwesenheit des Küchenchefs im Speiseraum selbstverständlich. So kann Kritik gleich und unverfälscht angebracht und auch behoben werden. Das Essen und vor allem die Speiseverteilung ist in diesem Sinne als alltagsbezogenes Entscheidungstraining quasi als Lebensorientierungstherapie zu verstehen.

Der Mittagstisch
Alle Bewohner – auch die Rollstuhlfahrer, die Gebrechlichen, die Kranken – sind einzuladen, am Mittagstisch teilzunehmen. So erfahren die Bewohner Zusammengehörigkeit. Diese Zusammengehörigkeit am Mittagstisch kann von den Küchenmitarbeitern dadurch noch gefördert werden, daß sie die Gesunden anregen, den Kranken und Gebrechlichen beim Essen zu helfen. Der Kranke und Gebrechliche darf nicht wegen seiner Leiden oder aus Organisationsgründen ausgegrenzt und „bestraft" werden. Eine Ausnahme ist dann zu machen, wenn der Bewohner die Teilnahme am gemeinsamen Mittagstisch ablehnt, weil sie ihn zu sehr belastet.

Das Essen als Theater

Über das Theater und seine Akteure wird diskutiert und kritisiert. Auch über das Essen soll eine Auseinandersetzung stattfinden. In diesem Sinne soll das Essen Theater sein. Essen soll nicht nur Verpflegungs- und Sättigungsinhalt sein, sondern vor allem zur Diskussion und zur Kritik anregen.

Die Abwechslung

Der Tisch ist verschieden zu decken; Wert ist zu legen auf eine kleine Dekoration, ein Set, eine Blume. Den Tisch der Jahreszeit entsprechend mit Blumen schmücken. Den Unterschied zwischen Werktagen, Sonntagen und Feiertagen erfahrbar machen. Im Wochenmenüplan Höhepunkte schaffen; Abwechslung in die Menügestaltung bringen. Die Jahreszeiten berücksichtigen, zum Beispiel mit dem Grundsatz: Jede Woche ein Gericht kochen, das noch nie im Heim gekocht wurde. Abwechslung ist die beste Diät der Heimbewohner.

Die Schonkost

Schonkost ist eine gesunde Kost. Deshalb wird allen Heimbewohnern Schonkost angeboten. Bei der Zusammensetzung der Speisen gilt der Grundsatz: Fett-, salz- und zuckerarm, aber vitamin-, ballaststoff- und eiweißreich. Gesunde Ernährung ohne Rohkost ist nicht denkbar. Rohkost läßt sich in Form des Salatbuffets, durch Rohkostvorspeisen oder einen Früchtekorb einbringen.

Die ernährungsphysiologischen Grundsätze

Die neuzeitlichen Erkenntnisse in der Ernährung, die technischen Hilfsmittel, wie z. B. Steamer, Druckgarbaissiere, Umluftofen, sind sinnvoll einzusetzen. Traditionelle Gerichte wie z. B. Kohleintopf, Baseler Mehlsuppe, Rösti sind neu zu interpretieren und nach den modernsten ernährungsphsiologischen Erkenntnissen zuzubereiten. So ist u. a. das Gemüse frisch und direkt vor dem Servieren zu kochen, kein „Bain marie".

Die Zwischenverpflegung

In der gesunden Ernährung werden fünf Mahlzeiten vorgeschlagen: Drei Hauptmahlzeiten und zwei Zwischenmahlzeiten. Die Zwischenmahlzeiten sind gerade für alte Menschen äußerst wichtig. Die Zwischenverpflegung in Form von Joghurt, Obst oder Müsli kann an einem gut zugänglichen Ort zur Selbstbedienung hingestellt werden. (Buffet)

Der Eßkulturraum
Jedes Heim verfügt über einen Speiseraum. Dieser soll für die Bewohner stets zugänglich sein. In der Raumgestaltung soll die Jahreszeit, das Menü, das Fest usw. zum Tragen kommen. Der Speiseraum soll darüber hinaus auch als Raum für kulturelle Veranstaltungen (z. B. Kunstausstellung) und als Raum der Begegnung genutzt werden. Dies erhöht die Identifizierung der Heimbewohner mit ihrem Eßkulturraum.

Das Mitentscheiden
Die Küche muß sich öffnen: die Bewohner – als eigentliche Auftraggeber des Heimes – sind in den Tagesablauf, die Menüplanung, die Zubereitung und die Vorbereitung einzubeziehen. Die Menübesprechungen sind in den Wohn- und Pflegebereichen abzuhalten und hier und nicht im Büro soll der Menüplan geschrieben werden.

Die Tradition
Traditionen sind zu pflegen. Verschiedene Gerichte haben Traditionen, insbesondere dann, wenn sie an bestimmte Tage geknüpft sind, z. B. die Martinsgans. Traditionen sind meistens mit Ritualen und Bräuchen verbunden, die man von den Bewohnern erfahren kann. Es stellt einen besonderen Höhepunkt dar, wenn die Bewohner an dem Wiederaufleben von Traditionen beteiligt werden. Aber darüber hinaus kann die Küche auch eigene Heimtraditionen schaffen.

Die Gäste – die Angehörigen
Es sollten Gelegenheiten geboten werden, daß Heimbewohner Gäste zum Essen einladen können. Es kann beispielsweise ohne großen Mehraufwand ein offener Mittagstisch, an dem Gäste aus der Nachbarschaft teilnehmen können und somit Kontakte von „draußen" ins Heim bringen, angeboten werden. So erhalten die Bewohner Kontakte zu Besuchern, Bekannten, Freunden und Angehörigen von „draußen". Gleichzeitig lernen die Gäste auch mehr über das Innenleben des Heimes kennen. Dies kann einen späteren Eintritt ins Heim erleichtern.

Die Veranstaltungen
Die Küche ist eine Ideenquelle kreativer und kulinarischer Veranstaltungen. Zum Arbeitskonzept der Küche gehört, daß die Bewohner von Anfang an in die Planung und Gestaltung von Veran-

staltungen einbezogen werden. Heim und Küche müssen sich öffnen. Die Küche muß in die Offensive!

Das Küchenteam
Die Küche besteht aus dem Küchenchef und seinen Mitarbeitern, sie bilden zusammen das Küchenteam. Die Mitarbeiter sind zu motivieren und aufzufordern, ihren persönlichen Beitrag und ihre Ideen in das Eßtheater einzubringen. Den Küchenmitarbeitern wird aber auch Gelegenheit gegeben, selbst ein besonderes Gericht zu kreieren und den Bewohnern zu präsentieren. Damit auch jeder Mitarbeiter einen persönlichen Gewinn aus dem Eßtheater ziehen kann, sind die Aufgaben gut zu verteilen. Dies alles kann nur geschehen, wenn sich die Küche öffnet und engagiert, wenn sie agiert und die Bewohner einbezieht.

Zum Ausklang

Die Küche im Heim als dritte (Dienstleistungs-)Säule neben Wohnen und Pflege ist gefordert, sich den neuen Erkenntnissen und Entwicklungen zu öffnen. Das bisherige Arbeitsselbstverständnis, das bisherige Speisenangebot, das bisherige Serviceangebot vieler Heimküchen stehen in der Tradition der Anstalt. Anstalten verfolgten neben der Versorgung auch immer das Ziel der Disziplinierung ihrer „Insassen" – durch vorgegebene Mahlzeiten, vorgegebene Essenszeiten, vorgegebene Sitzordnungen usw. Diese Tradition entspricht nicht mehr den Anforderungen und Erwartungen der heutigen Zeit.

Das Alten- und Pflegeheim und damit auch die Küche im Heim steht vor der Herausforderung, sich zu einer attraktiven Wohn- und Dienstleistungsalternative für diejenigen zu entwickeln, die nicht mehr in der Lage sind, ihr Leben eigenständig führen zu können. Es ist heute kaum mehr zu akzeptieren, daß die überwiegende Mehrheit alter Menschen Angst davor hat, eventuell einmal in ein Alten- und Pflegeheim umziehen zu müssen. Es ist auch kaum noch hinnehmbar, daß die meisten angestellten Mitarbeiter im Alter möglichst nicht in dem Heim leben wollen, in dem sie arbeiten. Diese Aussagen machen nachdenklich; sie zeigen auch mit aller Deutlichkeit, daß qualitative Veränderungen hier zwingend notwendig sind. Man kann diese Aussagen nicht einfach übergehen, ignorieren und so weiter machen wie bisher

Die Heimküche hat eine große Chance, zu einem Motor für Lebensqualität im Alten- und Pflegeheim zu werden. Die Küche im Heim hat die einzigartige Möglichkeit, ihre Leistungen, ihre Dienstleistungen mit Erlebnis, Lust und Genuß verknüpfen zu können. Sie muß sich zwar an der körperlich, geistig, seelischen Situation der Heimbewohner orientieren, muß diese aber nicht in den Mittelpunkt ihres Handelns stellen. Von daher ist sie prädestiniert, ihre Möglichkeiten ernährungsphysiologisch, gerontologisch und sozial zu reflektieren und entsprechend weiterzuentwickeln. Die Möglichkeiten der Heimküche scheinen auch aus wirtschaftlicher Sicht, nahezu unbegrenzt zu sein.

Die zukünftigen Heimbewohner werden dies auch erwarten. Sie haben internationale Eßerfahrungen, sind weit gereist und kennen mehr als nur die regionale oder nationale Küche. Der zukünftige

Heimbewohner hat zwar den Krieg und die schwierigen Jahre danach noch in Erinnerung, doch hat ihn auch die Überflußgesellschaft der 70er und 80er Jahre mitgeprägt. Der zukünftige Heimbewohner ist hinsichtlich „gesundheitsbewußter Lebensweisen“ aufgeklärter. Er weiß mehr über Nährstoffe, Aufgaben der Vitamine, Ballaststoffe und schonendere Zubereitungsformen. Er wird auch ökologisch bewußter sein, in dem Sinne, daß er nicht mehr hinnehmen wird, daß die Küche die Speisen vorwiegend aus Konserven herstellt oder, daß die Küche ein Übermaß an „Resten“ produziert. Er wird manchmal auch als Ernährungslaie aufgeklärter und kritischer als mancher Profi sein. Der zukünftige Bewohner wird sich nicht mehr damit zufrieden geben, nicht gefragt zu werden, abgeschoben und abgespeist zu werden oder sich vorrangig als „Sozialhilfe- oder Pflegefall“ behandelt zu fühlen.

Der zukünftige Heimkoch wird seine Aufgabe diesen Erwartungen, Entwicklungen und Anforderungen anpassen müssen, er wird eine neue Ethik, ein neues Selbstverständnis der Heimküche zu entwikkeln haben. Entsprechend ist auch die Ausbildung des Heimkochs neu zu überdenken. Für die Tätigkeit des Heimkochs reicht zukünftig eine allgemeine Ausbildung zum Koch sicherlich nicht mehr aus. Wie in diesem Buch dargestellt wurde, werden die Aufgaben eines Heimkochs vielfältiger, vielseitiger und sicherlich auch interessanter. Der Heimkoch kann sich zukünftig nicht mehr darauf beschränken, nur das Essen, die Mahlzeiten und die Verpflegung zuzubereiten. Er wird seine Aufgabe an einem auf Lebensqualität ausgerichteten Heimzusammenhang auszurichten haben. Er wird sich gerade im Heimbereich auch verstärkt mit der Frage auseinanderzusetzen haben, wie dieser Ansatz auf die wachsende Zahl schwerst- pflegeabhängiger und psychisch-beeinträchtigter Heimbewohner zu übertragen ist. Denn auch hier gilt: Lebensqualität darf kein Privileg der „fitten“ Heimbewohner sein – auch die schwächsten Heimbewohner haben ein Recht, ihre Lebensperspektive im Heim leben zu können.

Im Zuge der Weiterentwicklung von Heimen zu sozial-pflegerischen Dienstleistungsbetrieben wird auch die Küche neue Arbeitsfelder entwickeln bzw. ausbauen. Die Verpflegung nicht im Heim wohnender hilfe- oder pflegeabhängiger alter Menschen wird in Zukunft noch an Bedeutung gewinnen. Hier wird es zum einen darum gehen, das Konzept Eßkultur im Heim auch auf den häuslichen

Bereich auszuweiten. Zum anderen wird es darum gehen, die Essensangebote im Heim für zu Hause lebende hilfe- und pflegeabhängige alte Menschen attraktiver zu gestalten. Des weiteren wird sicherlich zu überlegen sein, wie die Heimküche pflegende Angehörige noch zusätzlich und besser entlasten kann. Denkbar wären hier gemeinsame Projekte für pflegeabhängige alte Menschen, pflegende Angehörige und Heimbewohner. Hier öffnet sich noch ein weites Feld zukünftiger Arbeit der Heimküche.

Diese weitergehenden Aufgaben werden aber nur gelingen können, wenn die Heimverpflegung sich dem Konzept Eßkultur im Heim angenähert hat. Erst wenn die Eßkultur im Heim umgesetzt ist und von Bewohnern, Mitarbeitern und Angehörigen mitgetragen wird, hat die Heimküche eine Chance, auch von der „Welt draußen“ wahr- und ernstgenommen zu werden.

Anlage 1 – Überblick über Formen stationärer Alteneinrichtungen

Stationäre Alteneinrichtungen lassen sich nach folgenden „Heimtypen" unterscheiden:

Altenwohnheim/Wohnhaus für ältere Bürger/Alterswohnheim:
Diese Heime bieten in aller Regel ein mehr oder weniger komfortables Wohnangebot mit Wohn-/Schlafzimmer, Küche(nzeile) und Dusche/WC. In reinen Altenwohnheimen werden keine Mahlzeiten und keine pflegerische Versorgung angeboten. Manche Altenwohnheime bieten aber ein Kulturangebot, vorübergehende Pflege im Erkrankungsfall und Mahlzeitenversorgung auf Bestellung an. Dieses Heimangebot richtet sich an rüstige alte Menschen, die sich selbst gut versorgen können.
In diesen Altenwohnheimen und -häusern wohnten 1991 in der damaligen Bundesrepublik Deutschland 52 570 Bewohner, das sind 10 Prozent aller Heimbewohner. (25)

Alten- bzw. Altersheime:
Diese Heime bieten in der Regel ein Wohn-/Schlafzimmer mit Dusche/WC und manchmal mit einer kleinen Einbauküche an. Die Einnahme der vom Heim angebotenen Mahlzeiten – zumindest des Mittagessens – ist obligatorisch. Die Zimmerreinigung wird vom Heim übernommen, sozial-pflegerische Leistungen werden in einem eher geringen Umfang angeboten. Es handelt sich hier meist um kleinere pflegerische Hilfen, wie z. B. Hilfe beim Baden, beim Anziehen, der Medikamenteneinnahme und -überwachung, oder auch um eine umfassendere pflegerische Hilfe, wenn diese zeitlich begrenzt ist wie z. B. bei akuten Erkrankungen. Dieses Wohn- und Versorgungsangebot richtet sich an alte Menschen, die in ihrer selbständigen Lebens- und Haushaltsführung in gewissem Masse eingeschränkt sind.
In Alten- bzw. Altersheimen wohnten 1991 in der damaligen Bundesrepublik 123.817 Bewohner, das sind 23 Prozent aller Heimbewohner (26).

Altenpflegeheime:
Diese Heime bieten Ein- , Zwei- und leider manchmal noch Mehrbettzimmer zum Teil mit Dusche/WC. Neben Unterkunft bietet das Pflegeheim dauerhaft 24-Stunden-Pflege, Betreuung, Vollverpfle-

gung, Zimmerreinigung, Wäscheversorgung usw. Dieses Versorgungsangebot richtet sich an alte Menschen, die aus körperlichen und/oder geistig-seelischen Gründen nicht mehr in der Lage sind, alleine für sich zu sorgen, d. h. sie sind existentiell auf die Hilfe und Unterstützung des Heimes angewiesen.

In diesen Einrichtungen wohnten 1991 in der damaligen Bundesrepublik 98.341 Bewohner, das sind 18 Prozent aller Heimbewohner (27).

Kurzeitpflegeeinrichtungen:
Diese „Heimform" ist entweder an bestehende Pflege- oder Altenheime angeschlossen, oder sie existiert als Einzeleinrichtung. Kurzeitpflegeheime bieten für einen begrenzten Zeitrum von bis zu drei Monaten die gleichen Leistungen wie Pflegeheime. Dieses Heimangebot richtet sich an alte Menschen, die aus einem Krankenhaus entlassen wurden, aber noch nicht so weit gesundet sind, daß sie wieder in ihrer häuslichen Umgebung leben, oder an zu Hause lebende pflegebedürftige alte Menschen, deren pflegende Angehörige vorübergehend die häusliche Versorgung wegen Krankheit, Kur oder Urlaub nicht leisten können.
Leider liegen uns hier keine Angaben über das derzeitige Platzangebot vor.

Kombinierte/mehrgliedrige Einrichtungen:
Diese Heime integrieren mehrere der vorgenannten stationären Versorgungsformen. Hier sind vor allem kombinierte Alten- und Pflegeheime, Altenwohn- und Pflegeheime und Altenwohn-, Alten- und Pflegeheime zu nennen.
In mehrgliedrigen Heimen wohnten 1991 in der damaligen Bundesrepublik 263.794 Bewohner, das sind 40 Prozent aller Heimbewohner (28).

Anlage 2 – Überblick über die wichtigsten Nährstoffe

Eiweiß:
Eiweiß gehört zu den wichtigsten Baustoffen unseres Organismus und ist durch keinen anderen Nahrungsbestandteil zu ersetzen. Es dient vorrangig zum Aufbau und zur Erneuerung der Zellen. Im Gegensatz zu Fett und Kohlenhydraten kann Eiweiß nicht im Körper als Eiweiß gespeichert werden. Eiweiß kommt in pflanzlichen und tierischen Lebensmitteln vor (magerem Fleisch, Fisch, Milch, Milchprodukten, Eiern, Soja, Hülsenfrüchten, Getreide und Kartoffeln). Eiweiß liefert pro Gramm 4,1 kcal Energie.

- Ernährungswissenschaftler empfehlen für Erwachsene folgenden Eiweißanteil an der Gesamtenergiemenge: 15 % der Gesamtenergie oder 1 Gramm pro Kilogramm Körpergewicht pro Tag.

Fett:
Fett hat den höchsten kcal Gehalt und ist somit der energiereichste Nährstoff. 1 Gramm Fett liefert dem Körper ca. 9,3 Kalorien (38 kJ). Fett kommt in tierischen und pflanzlichen Lebensmitteln (Öl, Margarine, Butter, Wurst, Speck, Milchprodukte, Nüsse) vor. In den Pflanzen entsteht Fett durch Umwandlung von Kohlenhydraten. Bei Menschen und Tieren wird das Fett mit der Nahrung aufgenommen oder aus überschüssigen Kohlenhydraten gebildet.

- Ernährungswissenschaftler empfehlen für Erwachsene folgenden Fettanteil an der Gesamtenergiemenge: 25 – 35 % der Gesamtenergie oder 0.8 Gramm pro Kilogramm Körpergewicht pro Tag.

Kohlenhydrate:
Unter den Nährstoffen stellen die Kohlenhydrate mengenmäßig den wichtigsten Energieträger dar. Kohlenhydrate sind in Zucker, Kartoffeln, Obst, Gemüse, Milch, Milchprodukten und Getreide enthalten. Kohlenhydrate sind Betriebsstoffe und liefern dem Körper Energie und Wärme. Nun ist es nicht gleichgültig, mit welchen Lebensmitteln der tägliche Kohlenhydratebedarf gedeckt wird. Mit 5 Weggli (Brötchen) und 100 g Zucker (in Cola, Fanta, Marmelade etc.) ließe sich leicht der Tagesbedarf einer leicht arbeitenden Person oder eines Schülers decken. Was diesen Nahrungsmitteln jedoch fehlt, sind die essentiellen (unentbehrlichen, lebenswichtigen) Substanzen wie Vitamine, Mineralstoffe, die bei natürlichen kohlen-

hydratreichen Nahrungsmitteln vorkommen. Kohlenhydrate liefern 4,1 Kalorien pro Gramm.

■ Ernährungswissenschaftler empfehlen für Erwachsene folgenden Kohlenhydrateanteil an der Gesamtenergiemenge: ca. 50 – 60 % der Gesamtenergie oder 5 – 7 Gramm pro Kilogramm Körpergewicht pro Tag.

Wasser:
Wasser ist die Grundlage des Lebens. Jede Verdauungsreaktion, jeder Transport, die Vermehrung und die Fortpflanzung sind an das Vorhandensein von Wasser gebunden. Der Mensch besteht zu 60 – 70 % aus Wasser. Wasser ist auch Bestandteil der Lebensmittel. Im Gegensatz zu den Nährstoffen liefert Wasser keine Energie, es ist aber der wichtigste anorganische Bestandteil aller Lebewesen. Der Flüssigkeitsbedarf ist abhängig von der Arbeitsbelastung, dem Klima, der Salzaufnahme und dem Alter.

■ Ernährungswissenschaftler empfehlen eine durchschnittliche tägliche Flüssigkeitsmenge von 1,5 – 2 Liter pro Tag (ohne die in den sonstigen Lebensmitteln enthaltene Wassermenge).

Unverdauliche Ballaststoffe:
Sie Sind in pflanzlichen Lebensmitteln (Vollkornprodukte, Hülsenfrüchte, Obst, Salate und Gemüse) enthalten und können im Darmtrakt nicht abgebaut bzw. verdaut werden. Ihre besondere Bedeutung für den Körper liegt darin, daß ihre Quellfähigkeit für eine gute Darmtätigkeit (Peristaltik) sorgt.

Mineralien:
Der menschliche Körper benötigt zu seiner Gesunderhaltung Mineralien. Die Mineralien sind organische und anorganische Substanzen. Man unterscheidet bei den Mineralien zwischen den Mengenelementen und den Spurenelementen. Zu den Mengenelementen gehören u. a. Natrium, Kalium, Chlorid und Calcium; zu den Spurenelementen zählen u. a. Jod, Kupfer, Fluor.

Vitamine:
Vitamine sind lebenswichtig. Es sind organische Verbindungen, die von unserem Körper nicht oder nur in ungenügender Menge gebildet werden können. Sie müssen also mit der täglichen Nahrung zugeführt werden. Sie entfalten im Körper spezifische Wirkungen (Vitamine gehen Verbindungen mit Proteinen ein und wirken als

Fermente), wenn sie in einem wohlausgewogenen Gleichgewicht stehen. Vitamine sind beipielsweise wichtig bei der Blut- und Knochenbildung. Es werden fettlösliche (z. B. Vitamin A in Rinderleber) und wasserlösliche (z. B. Vitamin C in Orangen) Vitamine unterschieden.

■ Der tägliche Bedarf ist für jedes Vitamin sehr unterschiedlich und liegt im Milli- bis Mikrogrammbereich.

Anlage 3 – Anmerkungen

(1) Leitbild der Hamburger Arbeitsgemeinschaft für Fortbildung in der Altenhilfe e. V. (Hafa)

(2) vgl. Rosenmayr, Leopold: Über das vielschichtige spätere Leben. In: Aktion Gemeinsinn e.V.: Wie wollen wir morgen älter werden? Bonn 1987, S.53

(3) Ries, Werner, Sauer, Ilse: Studien über das Alter. In: Beier, Walter, u. a. (Hrsg.): Prozesse des Alterns, Berlin 1989, S. 2

(4) Ellinger, Herbert: Buddhismus. Wien 1988, S. 42

(5) Bundesministerium für Familie und Senioren: Erster Altenbericht, Die Lebenssituation älterer Menschen in Deutschland. Bonn 1993, S. 122

(6) vgl. ebenda, S. 98

(7) vgl. ebenda, S. 98 – 104

(8) Lehr, Ursula: Psychologie des Alters, S. 343

(9) vgl. ebenda, S. 343

(10) Grond, Erich: Praxis der psychischen Altenpflege. München 1978, S.15 f.

(11) vgl. H.-J. Holtmeier: Ernährung. In: Wolf D. Oswald u. a. (Hrsg.): Gerontologie. Stuttgart 1984, S. 106

(12) vgl. Rösch: Magen und Darmkanal. In: Wolf D. Oswald u. a. (Hrsg.): Gerontologie. Stuttgart 1984, S. 286 ff.

(13) Erster Altenbericht ..., S.115

(14) vgl. Erster Altenbericht ..., S.144

(15) Arens-Azevedo, Ulrike: Ernährung im Alter, unveröffentlichtes Manuskript, Hamburg 1994, S. 9

(16) Lehr, Ursula: Psychologie des Alters, S. 346

(17) vgl. Erster Altenbericht ..., S.161 und 262

(18) vgl. Mayring, Philip; Saup, Winfried: Entwicklungsprozesse im Alter. Stuttgart, Berlin, Köln 1990, S. 90

(19) vgl. Erster Altenbericht ..., S.194

(20) Rückert, Willi: Bevölkerungsentwicklung und Altenhilfe, Folgen der Bevölkerungsentwicklung – von der Kaiserzeit über das Jahr 2000 hinaus. Köln 1992, S. 170

(21) vgl. Erster Altenbericht ..., S.208

(22) vgl. Erster Altenbericht ..., S. 204

(23) vgl. Rosenkranz, Bernhard: Untersuchungsbericht zur Situation in Hamburger und Hessischen Alten- und Pflegeheimen sowie Wohnanlagen. Hamburg 1990, S. 24

(24) Beauvoir de, Simone: Das Alter, Reinbek 1989, S. 228

(25) Spieß, Christa Katharina: Angebot und Nachfrage stationärer Altenhilfeienrichtungen – Analyse eines regulierten Marktes. Köln 1993, Anhang XI

(26) ebenda

(27) ebenda

(28) ebenda

Anlage 4 –
Literatur

Arens-Azevedo, Ulrike: Ernährung im Alter. Unveröffentlichtes Manuskript. Hamburg 1994

Arenz-Azevedo, Ulrike u.a.: Ernährungslehre – zeitgemäß praxisnah, Wiesbaden 1990

Beauvoir de, Simone: Das Alter, Reinbek 1989

Beier, Walter u. a. (Hrsg.): Prozesse des Alterns. Berlin 1989
Bundesministerium für Familie und Senioren: Erster Altenbericht, Die Lebenssituation älterer Menschen in Deutschland. Bonn 1993

Ellinger, Herbert: Buddhismus. Wien 1988

Grond, Erich: Praxis der psychischen Altenpflege. München 1978

Lehr, Ursula: Psychologie des Alterns. 7. Auflage, Heidelberg 1991

Mayring, Philipp: Saup Winfried (Hrsg.): Entwicklungsprozesse im Alter. Stuttgart 1990

Oswald, Wolf D. u. a. (Hrsg.): Gerontologie. Stuttgart 1984

Pauli, Eugen: Lehrbuch der Küche, 1992

Rober, Lieselotte: Ernährung im Alter, Hannover 1993

Rosenkranz, Bernhard: Untersuchungsbericht zur Situation in Hamburger und Hessischen Alten- und Pflegeheimen sowie Wohnanlagen. Hamburg 1990

Rosenmayr, Leopold: Über das vielschichtige spätere Leben. In: Aktion Gemeinsinn e. V.: Wie wollen wir morgen älter werden? Bonn 1987

Rückert, Willi: Bevölkerungsentwicklung und Altenhilfe, Folgen der Bevölkerungsentwicklung – von der Kaiserzeit über das Jahr 2000 hinaus. Köln 1992

Spieß, Christa Katharina: Angebot und Nachfrage stationärer Altenhilfeienrichtungen – Analyse eines regulierten Marktes. Köln 1993

Alfred Hoffmann

- *Jahrgang 1949, Diplom-Sozialpädagoge und Diplom-Pädagoge,*
- *seit über 15 Jahren in der Fort- und Weiterbildung im Bereich der Altenarbeit tätig.*

Wichtige Arbeiten und Veröffentlichungen zu folgenden Themen: Lebensqualität im Alter, Berufsbild- und qualifikation des Heimleiters, Sozialarbeit in der Altenarbeit, Behutsame Pflege, Aktivitätenbegleitung.

Markus Biedermann

- *Jahrgang 1954, Eidgenösisch diplomierter Küchenchef, Diätkoch, Ausbildung zum Heimleiter,*
- *Lehr- und Wanderjahre als Koch in diversen Häusern in der Schweiz (u. a. „Bellevue Palace", Bern; „Du Theatre" bei Ernesto Schlegel; „Chrüter Oski", Münchenbuchsee),*
- *seit 1987 Küchenchef in verschiedenen Altersheimen (u. a. Altersheim „Weiermatt", Münchenbuchsee, „Aargauisches Alten- und Pflegeheim", Wiedlisbach),*
- *seit 1987 Dozenttätigkeit u. a. bei der Hamburger Arbeitsgemeinschaft für Fortbildung in der Altenhilfe e. V. (HAFA); Verband Schweizer Altenheime (VSA), Verband Altersheime des Südtirols (VAST).*